WAS IST DAS?

Du même auteur

Le Bonheur allemand, Paris, Éditions du Seuil, 1998.
Marthe et Mathilde, Paris, Éditions des Arènes, 2009.
La Robe de Hannah, Paris, Éditions des Arènes, 2014
(prix Simone Veil et prix du Livre européen).

Ouvrage publié sous la direction de Jean-Baptiste Bourrat.

© Éditions des Arènes, Paris, 2017
Tous droits réservés pour tous pays.

Éditions des Arènes
27 rue Jacob, 75006 Paris
Tél. : 01 42 17 47 80
arenes@arenes.fr

Was ist das? se prolonge sur www.arenes.fr

WAS IST DAS ?

PASCALE HUGUES

CHRONIQUES D'UNE FRANÇAISE À BERLIN

LES ARÈNES

PROLOGUE

Le regard extérieur

L'Allemagne n'est pas encore ma vraie *Heimat*, le sera-t-elle jamais d'ailleurs ? Et la France a cessé d'être le pays familier de mon enfance. Je l'ai quittée il y a si longtemps. Vivre entre deux pays, c'est porter, fixées sur le haut du crâne, deux petites antennes nerveuses. Elles captent en permanence les différences, tout ce qui n'est pas pareil chez l'un et chez l'autre. Mais comme je n'ai plus vraiment de chez-moi, elles sont sans cesse actives dans les deux pays. Elles enregistrent les surprises, les tics, les traits de caractère singuliers, les mythes nationaux, les façons de dire les choses, les coins de rue étonnants et, pourquoi pas, les clichés à démonter ou à confirmer. En France, je suis un peu étrangère. En Allemagne, je ne cesserai jamais de l'être.

Plus les années passent, plus ma France s'éloigne. Je la perds peu à peu de vue depuis le début des années 1980, quand je l'ai quittée pour l'Angleterre, puis pour l'Allemagne. Elle a changé et je n'ai pas assisté à sa métamorphose. Si souvent j'ai du mal à la reconnaître. L'élection présidentielle de 2017 a révélé une fois de plus au grand jour cette métamorphose : quand j'ai quitté la France, le Front national était une fréquentation rare et peu avouable. On votait FN en secret. On n'était pas nombreux. Aujourd'hui, engager une conversation avec son voisin dans un train peut vous mettre dans une situation délicate. Que dois-je répondre lorsqu'il m'annonce avec un grand sourire qu'il vote Front national ?

Quand j'ai quitté la France, il fallait choisir son camp entre « la droite » et « la gauche ». Elles se relayaient à l'Élysée et se faisaient la guerre à la table des repas de famille. Aujourd'hui le Parti socialiste et la droite traditionnelle ne sautent même pas la barre du premier tour. Et c'est un novice qui vient de réussir cet incroyable pari : devenir président sans être tiré par la grosse locomotive d'un parti politique implanté depuis des décennies. En quelques mois seulement, Emmanuel Macron a doublé un à un les vieux renards qui avaient consacré leur vie à gravir les marches de la hiérarchie de leur parti.

Comme un enfant puni qui n'a pas le droit de participer à la fête, j'ai regardé la cérémonie d'investiture d'Emmanuel Macron pendant tout un dimanche à la télévision dans mon appartement berlinois. Ce rituel m'est si familier : l'arrivée du nouveau président dans la cour d'honneur de l'Élysée ; le crissement du gravier sous les roues de la voiture officielle ; le long tapis rouge qui mène au perron où attend, un peu guindé, le président sortant. Puis le faste de la salle des fêtes : le discours vibrant de fierté nationale du nouveau président. Son phrasé lisse. Pas une fausse intonation, pas une hésitation, pas un mot de travers. « Deux mille cinq cents ans d'histoire et trente-neuf ans d'âge », proclame le commentateur à la télé. Vu de Berlin, tout ça me semble un peu ridicule. Trop de pompe. Trop de grands mots. En Allemagne, j'ai perdu l'habitude. Tout ce que la République compte de dignitaires est réuni là, aux pieds du nouvel élu. Il serre l'une après l'autre des centaines de mains sous les immenses lustres du plafond. Et l'apothéose : la remontée des Champs-Élysées. Debout à bord d'un véhicule militaire dans la plus pure tradition gaullienne, le nouveau président fait des petits signes de la main à son peuple massé sur les trottoirs depuis l'aube. Il va rallumer la flamme du Soldat inconnu sous l'Arc de triomphe. Les généraux des trois armées forment un demi-cercle immobile autour de lui. Et tandis que je regarde, à la fois charmée et exaspérée, ce spectacle pour moi surréaliste, d'autres images, autrement profanes, se télescopent à celles-ci dans ma tête : la chancelière allemande, en tailleur-pantalon noir et mocassins plats, prête serment devant le Bundestag. Elle dit des mots simples. Elle sourit. Serre les mains des députés, fait quelques bises. La mise en scène est sobre : une bible, un gros bouquet de fleurs champêtres et les applaudissements de l'hémicycle. C'est tout. Pas de commentaires grandiloquents, pas de déclamations boursouflées. Impossible d'imaginer Angela Merkel remontant Unter den Linden à bord d'une jeep militaire pour aller rallumer une flamme sous la porte de Brandebourg. Impossible aussi, le soir de sa victoire, de la voir traverser seule à pied l'esplanade illuminée du Lustgarten sur l'île aux musées au son de Beethoven. Le IIIe Reich a fait passer aux Allemands le goût des mises en scène grandioses. Après la guerre, ils ont délaissé le cérémonial. Le soir de sa victoire, la chancelière participe à un débat télévisé aux côtés de ses rivaux. On appelle ça « la ronde des éléphants ». Les Allemands regardent d'un œil distrait ceux qui se sont affrontés pendant des semaines. Et ils vont se coucher. Terminée, la soirée électorale.

Voilà pourquoi ils se frottaient les yeux en voyant, le soir du 7 mai, notre nouveau président, surhomme en manteau bleu marine, marcher dans la pénombre de la cour Napoléon du Louvre. Il suffit de comparer ces cérémonies pour prendre la mesure des années-lumière qui séparent une chancelière allemande d'un président français. Angela Merkel est une chancelière « normale ». Elle prête serment devant le Bundestag, histoire de rappeler qui a le dernier mot en Allemagne. Une cérémonie grave, mais sans pathos. Seuls les retraités ont le temps de la suivre en direct à la télévision.

En regardant la dramaturgie de la dernière passation de pouvoir à Paris, j'ai l'impression que la France sacre ce jour-là un monarque. Une élection, disait le général de Gaulle il y a un demi-siècle, c'est la rencontre d'un homme (nul n'imaginait à l'époque qu'il puisse s'agir d'une femme) et d'un peuple. Le président « incarne » la France. La chancelière « sert » son pays. Mais pourquoi ce jeune président d'une République moderne n'a-t-il pas allégé ces traditions ? Épousseté ces rituels d'un autre âge ? Et soudain, assise en tailleur devant ma télévision à Berlin, je les trouve bien sympathiques, ces Allemands qui ont surnommé leur chancelière « *Mutti* » tant elle est proche d'eux.

Mais plus douloureuses encore que les grandes transformations politiques sont toutes ces petites choses qui montrent que je ne suis plus dans le coup : une série culte dont je n'ai jamais entendu parler, des mots nouveaux que je ne comprends pas, une mode, une mélodie… toute la France la chantonne, sauf moi. Alors parfois, je suis prise de *Heimweh*, ce si beau mot intraduisible en français qui veut dire littéralement « le mal de la maison ». J'ai le mal de cette France que j'ai quittée et qui n'existe plus. Je me console en regardant des vieux films. Là au moins la France n'a pas bougé. C'est une habitude étrange : est-ce que je m'accroche à ces images désuètes parce que je n'ai pas envie d'admettre qu'un fossé s'est creusé entre mon pays et moi ? Parce qu'il m'est insupportable de m'y sentir étrangère ?

L'Allemagne en revanche s'est rapprochée, mais elle ne cesse de m'étonner. « Est-ce que ça t'amuse encore d'observer notre pays après tant d'années ? » me demandent mes amis. Certes, mon regard s'est émoussé. Ce qui était surprenant au début m'est devenu familier. Souvent mes petites antennes perdent le nord : qu'est-ce qui est allemand, qu'est-ce qui est français ? Comment démêler l'un de l'autre ? Au cours des années, j'ai mélangé les deux langues, les habitudes de tous les jours. Je dis « on va boire un *Schluck* » ou « je descends *en bas* », je préfère le pain complet à la baguette et je trie méticuleusement mes ordures. Suis-je devenue un peu allemande ? Sans doute.

Vivre à l'étranger, même quand cet exil est volontaire, même si le pays choisi est très proche culturellement de la France, c'est toujours être assis entre deux chaises. Et c'est souvent inconfortable. Combien j'envie parfois ceux qui sont faits d'une seule pièce ! Ces Lyonnais depuis des générations. Ces amies alsaciennes qui n'ont jamais quitté le Strasbourg de notre enfance. À qui on ne demande jamais : « Mais tu te sens quoi, toi ? Encore française ou plutôt allemande ? » Parfois être tiraillée ainsi entre deux pays m'inquiète. Mais cette tension est aussi créatrice. C'est d'elle que naît cette curiosité vivifiante, cette joie enfantine à flâner dans les rues, à épier les conversations, à détecter les manières et les façons de dire. La distance aiguise le regard et active les oreilles.

Quand je sors de chez moi en Allemagne, quand je sors de l'avion en France, mes petites antennes se mettent à frétiller. Sur une plage de nudistes au bord d'un lac berlinois, j'apprends tant de choses sur le rapport des Allemands à leur corps, à l'érotisme, sur l'idée qu'ils se font de la liberté. Un déjeuner au restaurant du Sénat à Paris et quelques jours plus tard à la buvette du Bundesrat, son pendant allemand à Berlin, m'en dit plus que tout traité de droit constitutionnel sur le fonctionnement de la démocratie dans nos deux pays. Une promenade au jardin du Luxembourg et dans son cousin berlinois le Tiergarten montre combien l'ordre et la nature sont des concepts différents pour les Français et les Allemands. Une matinée à la terrasse d'un café m'enseigne les codes du flirt à Dijon et à Stuttgart. Le tri des déchets, le seuil de tolérance envers ceux qui garent leur voiture anarchiquement, la façon de dîner le soir, de répondre au téléphone, de manier le tutoiement... tout cela nous en dit si long.

La distance permet aussi de douces retrouvailles avec les mots si souvent intraduisibles d'une langue à l'autre. Je vous défie de traduire «hélas» en allemand et *Heimweh* ou son contraire *Fernweh*, l'envie douloureuse de rompre les amarres pour partir au loin, en français. Et ce «voilà» qui, depuis quelques années, ponctue comme un tic nerveux les conversations des Français? Trouve-t-il un écho en allemand?

On comprend mieux quand on se penche pour observer le tout petit. Il en dit long sur le très grand. Une chancelière allemande et un président français ne prononcent pas le nom de leur pays de la même façon. Angela Merkel dit «*Bundesrepublik Deutschland*» d'un ton presque neutre. Les présidents français clament «la France» et «la République», comme en extase.

Le «regard extérieur» est un dernier vestige de cette époque où les Allemands très peu sûrs d'eux avaient besoin du jugement des autres pour s'orienter. Ils veulent qu'on les caresse de compliments, mais aussi qu'on les roue de critiques. J'ai mis du temps à comprendre cette ambiguïté. À moi, la Française de service, de leur tendre ce miroir dans lequel ils adorent se regarder. Alors que nous, les Français, sommes si contents de nous-mêmes. Nous nous fichons éperdument de ce que les autres pensent de nous. Mais les choses sont peut-être en train de changer. Nous nous demandons de plus en plus comment les Allemands nous perçoivent. Comment voient-ils notre classe politique minée par les scandales? Et la crise économique que nous traversons? Notre réticence à réformer notre pays en profondeur?

Les choses se compliquent quand ce regard extérieur est celui d'une Alsacienne. Il y a une certaine ironie d'ailleurs à demander à une Alsacienne de porter un «regard extérieur» sur l'Allemagne. Car mon regard extérieur n'est-il pas aussi un regard intérieur? Ou un regard de voisinage? Je suis sûre qu'il n'est pas neutre, très différent même de celui d'une « Française de l'intérieur » – c'est ainsi que nous appelons en Alsace tous ceux qui vivent sur l'autre versant des Vosges, les « vrais Français ». Un regard plus critique peut-être, en tout cas plus complice. Ce rôle de passeur entre deux cultures est taillé sur mesure pour nous, les Alsaciens, qui partageons une longue histoire avec les Allemands. J'ai grandi à Strasbourg entourée par « eux », ces Badois et ces souabes de l'autre côté du pont de Kehl. Les Allemands ne vivaient pas seulement sur le pas de ma porte, mais aussi dans ma maison : l'une de mes grands-mères est allemande. Je suis donc née avec deux petites antennes sur le haut du crâne. Impossible de m'en débarrasser.

Portes ouvertes

Tôt un samedi matin de septembre, à l'angle des Champs-Élysées et de la place de la Concorde. Ce sont les Journées du patrimoine et l'entrée au palais de l'Élysée se fait aujourd'hui côté jardin. Je ne suis pas la seule à avoir envie de jeter un coup d'œil dans la maison du président. Une procession fait du surplace sur le chemin de terre battue menant à la grille coiffée d'un coq gaulois bien gras et tout en or. C'est comme le jour de la Fête-Dieu dans les villages de mon enfance. Des centaines de personnes sont en route vers un lieu sacré. On parle à voix basse. On se recueille. On endure cette épreuve sans se plaindre. Seul un râleur rompt le silence : « On risque de le réveiller, le président, si pour une fois il est à son bureau aujourd'hui ! On en peut plus ! Je vais lui dire ce que je pense si je le vois. Ah, ça je vais pas m'en priver ! »

Le gendarme du poste de contrôle m'avertit en fouillant mon sac : « Il faut compter quatre à six heures de queue au moins. L'an dernier c'était huit heures.» Six heures, c'est la durée d'un vol Paris-New York! Ou de l'Intercity Berlin-Munich! Et moi qui déteste les files d'attente. Pas question de resquiller ici. Personne ne cédera un millimètre si chèrement conquis. Trois Japonaises tentent de se frayer un passage pour rejoindre au début de la queue une cousine arrivée à l'aube en éclaireur. Mais le râleur fait barrage: «Ah non, pas d'accord! Et moi, madame, c'est mon beau-frère qui m'attend dans le bureau du président!» La foule applaudit. Les Japonaises rebroussent chemin.

Nous avançons à peine. De temps en temps, notre cortège progresse de quelques centimètres. Nous longeons des verrières d'une grâce proustienne. C'est la première journée de fraîcheur à Paris. Nous nous serrons les uns contre les autres. Nous grelottons. Quand un vilain petit crachin nous asperge soudain, un dais de parapluies se déploie au-dessus de nos têtes. Mais personne ne songe à rentrer chez soi.

Je me demande pourquoi tous ces gens si stoïques endurent un tel supplice. Eux qui passent le reste de l'année à détester leur président, ils n'hésitent pas à perdre une journée entière à faire la queue pour espérer l'apercevoir. L'Élysée est le lieu le plus visité des Journées du patrimoine. Je suis même un peu fière de faire partie de la file d'attente la plus longue de Paris. Plus longue que celle de l'Assemblée nationale où siègent nos députés, que celle du Panthéon où reposent nos grands hommes et quelques femmes, et même que celle des studios de la télé où, avec un peu de chance, on pourrait croiser une star. Il y a beaucoup d'étrangers, des Américains, mais surtout des Français. Certains sont venus de province, de lointaines banlieues, rien que pour l'Élysée. « C'est comme un pèlerinage. On ne fait ça qu'une fois dans sa vie ! » dit un couple de Charleville-Mézières. Ils sont partis de chez eux dans le noir à trois heures du matin avec des sandwichs et une thermos de café. Ils ont traversé la France.

Les Français sont très attachés à l'Élysée, qui leur raconte leur longue histoire. Je ne veux pas dire que la chancellerie n'intéresse personne en Allemagne, mais qui viendrait pour la journée d'Augsbourg faire six heures de queue sous la pluie pour voir une machine à laver ? C'est ainsi que les Allemands surnomment leur chancellerie, à cause de cette monumentale fenêtre ronde qui fait penser au hublot du tambour. Une telle irrévérence est inconcevable chez nous. « Le château », voilà comment les Français baptisent cette forteresse coupée du reste du monde. Le château est habité par un monarque républicain qui aujourd'hui se fiche des besoins les plus élémentaires de son peuple. Nous avons faim. Nos vessies tiraillent. Au loin j'aperçois la voiture à bras d'un vendeur de sandwichs et le toit des cabines de toilettes mobiles. Il va falloir trois heures au moins pour y arriver.

La chancelière, elle, est aux petits soins pour ses visiteurs. Elle met une batterie de Dixi-Klo, ces toilettes mobiles toujours présentes lors des manifs et des fêtes populaires, à leur disposition dès le début d'une file d'attente beaucoup plus courte. Quinze jours avant de visiter l'Élysée, j'étais allée à la journée portes ouvertes de la chancellerie à Berlin. Il faisait une chaleur torride. Je déposai mon sac dans le vestiaire improvisé sous une tente. Je n'irai pas jusqu'à dire qu'on entre à la chancellerie comme dans un moulin, mais quand même, les choses sont tellement plus simples : je montrai ma carte d'identité, passai sous un portillon de contrôle, patientai quelques minutes. Une hôtesse me tendit un verre d'eau fraîche. Quelques pas encore et je me retrouvai dans la cour d'honneur, ce parvis glabre en face du Reichstag. C'est là que les grands de ce monde descendent de leur limousine en rajustant leur cravate ou en lissant leur jupe. La chancelière les attend au bout du tapis rouge. Bien campée sur ses talons plats et ses semelles de crêpe, elle montre le chemin à ses invités. Quand, en 2012, François Hollande dévia un peu de la trajectoire prévue par le protocole, elle le poussa d'un petit coup de coude discret. Il venait d'être élu. Il ne savait pas vraiment comment faire.

Pour sa journée portes ouvertes, la chancellerie avait prévu une zone de repos avec des stands de boissons et de pâtisseries au fond du jardin. Il y avait un café, un bar à vitamines, une aire de jeux pour les enfants, deux musiciens qui soufflaient des airs klezmer dans leur saxophone et encore des Dixi-Klo. Les visiteurs portaient des chapeaux de paille, des casquettes de base-ball, des shorts et des tongs. Les bretelles de soutien-gorge dépassaient des débardeurs. Des cyclistes en cuissards fluorescents étaient avachis sur la pelouse. Les lieux du pouvoir en Allemagne ne sont pas enveloppés de brume mystique. Ils sont accessibles. Le protocole est léger. Notre président est un descendant des rois de France, la chancelière est une *Mutti* qui n'intimide personne.

«Le principe est simple, écrit François Hollande sur la page de garde de la brochure présentant sa maison. Les lieux qui constituent le trésor d'une nation appartiennent à tout le monde. Je vous souhaite la bienvenue dans ce palais qui est le vôtre.» Chacun d'entre nous se sent soudain la légitimité d'un proprio sourcilleux qui s'apprête à faire l'état des lieux de son appartement avant un changement de bail. Nous allons inspecter la propreté des sols et l'état des peintures, soulever les tapis et passer le doigt sur les meubles pour repérer la poussière. La prose de la chancelière est moins sentimentale : «L'économie de marché sociale, écrit-elle dans son message de bienvenue, est notre compas.»

Enfin ! En milieu d'après-midi, nous arrivons devant la grille du coq. Nous formons maintenant un petit groupe soudé par une familiarité d'autant plus intense qu'elle n'est que passagère. La police montée passe. On fait des selfies de groupe devant la grille. Un garde républicain en tenue d'apparat est posté au bord de l'allée de gravier qui monte vers l'Élysée. Je suis tellement habituée à la sobriété allemande que je crois à un déguisement. Le carnaval à Paris ? L'Élysée nous fait-il la surprise d'une reconstitution en costumes d'époque ? Ce grand jeune homme semble être tombé d'une des immenses fresques de batailles napoléoniennes qu'on voit au Louvre. Il a l'air si mal à l'aise à jouer les potiches devant les massifs de fleurs d'un palais désuet. L'épée sur le côté. Pas le moindre faux pli sur son pantalon bleu. Son uniforme n'a pas changé depuis cent trente ans. Seul le tissu de la tunique a été modifié dans les années 1970, devenu plus léger et surtout plus confortable. La longueur aussi a été raccourcie. Et même : on est passé de neuf à sept boutons. Quelle audace !

Le garde républicain m'explique le code complexe des couleurs et des franges indiquant le grade. Aujourd'hui il est presque débraillé. Il ne porte pas le shako, cette coiffe à cocarde tricolore et plumet écarlate, réservée aux très grandes occasions. Pendant qu'il tente de m'éblouir avec ses nattes et ses lisérés, ses trèfles et ses médailles, ses aiguillettes et ses chevrons, je pense avec tendresse au policier fédéral posté à l'entrée de la chancellerie. Un gros Berlinois en uniforme d'été. Il n'aurait même pas besoin de se changer pour être embauché comme manutentionnaire chez Ikea : chemise bleu ciel à manches courtes avec un écusson sur le bras gauche et des auréoles de sueur aux aisselles. Le pantalon en accordéon, le ventre posé sur la ceinture. À partir de 30 degrés, le président de la police fédérale dispense du port de la casquette.

La décontraction est tolérée au cœur du pouvoir allemand. Un jour que j'étais allée rendre visite à un conseiller à la chancellerie, une secrétaire en pull flottant au vent, leggings stretch et sandales plates vint me chercher à la réception. Le conseiller avait travaillé à Paris. Gêné, il m'expliqua : « Nous sommes à Berlin ici. »

Et voici l'Élysée ! J'ai vu ce bâtiment si souvent à la télévision. Il est beaucoup plus petit que je ne l'imaginais. Son histoire est ancienne et solide. En ligne droite de 1710 à nos jours. Les propriétaires successifs se sont passé le trousseau de clés comme le témoin dans une course de relais. Le comte d'Évreux à Louis XV qui en fit cadeau à sa favorite la marquise de Pompadour. La clé passa ensuite à son neveu Napoléon. Même le tsar Alexandre Ier en fut propriétaire pendant un moment. En 1848, un décret fait de ce palais la résidence des présidents de la République. Se succèdent alors les acteurs de mes livres d'histoire. Ils ont des prénoms démodés et des moustaches en vrille : Louis-Napoléon Bonaparte, Adolphe Thiers, Patrice de Mac Mahon, Jules Grévy, Raymond Poincaré. La course se poursuit avec ceux qui ont accompagné ma vie : de Gaulle, Pompidou, Giscard, Mitterrand, Chirac… Vingt-cinq présidents de la République en tout, sans oublier les monarques, les tsars et les maîtresses.

La dynastie des occupants de la chancellerie est plus brève et surtout plus humble. Deux occupants jusqu'à ce jour. Ni comte, ni duc, ni maréchal. Mais

Gerhard Schröder, fils d'un soldat tombé au front et d'une femme de ménage. Et Angela Merkel, fille d'un pasteur de l'Uckermark. La chancellerie sent encore la peinture fraîche. C'est Helmut Kohl qui l'a fait construire il y a à peine seize ans. Le Mur était tombé, l'Allemagne déménageait de Bonn à Berlin, il fallait tout réinventer. «Plus grand! Encore plus grand!» ordonna – c'est ce qu'on raconte – Helmut Kohl à son architecte. Mais le malheureux n'emménagea jamais à Berlin. Il fut chassé du pouvoir avant et c'est Gerhard Schröder qui inaugura cette bâtisse construite selon les mensurations de son prédécesseur. Le social-démocrate a toujours eu l'air d'y flotter comme dans un complet trop grand pour lui.

Faute de pouvoir «en jeter» avec les grands noms de l'histoire, les Allemands cartonnent avec les chiffres : 36 mètres de haut, 335 mètres de long, 73 000 mètres carrés de superficie, 19 000 de surface utile, 370 bureaux de 20 mètres carrés chacun en moyenne pour loger les 600 employés. Le plus grand siège du pouvoir au monde. Huit fois plus grand que la Maison-Blanche. À côté de ce colosse, l'Élysée ressemble à un ravissant nabot. Ce palais n'est pas conçu pour le travail. La répartition des pièces n'est pas pratique. Les petits salons sont faits davantage pour les menuets de l'Ancien Régime que pour l'exercice du pouvoir. Il y a des courants d'air, des escaliers tortueux qui mènent à un labyrinthe de cuisines au sous-sol, des fissures dans les plinthes et des rideaux défraîchis. Rien n'a été modifié depuis 1889, hormis l'installation de l'électricité, de l'eau courante, du chauffage central et les dix portes-fenêtres que François Mitterrand fit percer le long de la salle des fêtes pour laisser entrer la lumière. La seule rénovation, téméraire à l'époque, semble tellement ringarde aujourd'hui : dans les années 1970, les Pompidou tentèrent de dépoussiérer les lieux. Ils firent arranger, à l'emplacement de l'ancienne chambre de Napoléon III, une salle à manger design, une sorte de navette spatiale à la *Star Trek* avec des poufs de mousse beige et des canapés ronds, des sièges tulipe et des tables à plateau de verre fumé. Ce design ferait fureur aujourd'hui dans les boutiques vintage de Hambourg. Sinon, pas question de bouger un meuble ni d'abattre une paroi. Personne n'a jamais osé toucher aux plafonds à caissons peints et aux lustres immenses de la salle des fêtes. Même la batterie de casseroles dans les cuisines du sous-sol date de 1845.

La chancellerie, elle, n'a pas d'histoire. Béton, acier, verre, art moderne sur les murs blancs, statues ultra contemporaines sur les paliers... Ici tout est neuf, neutre, fonctionnel – à l'image de l'Allemagne réunifiée qui n'a pas tout à fait trente ans. Davantage Bauhaus que rococo. Seule pièce d'antiquité dans cette immense maison : la petite horloge à quatre facettes posée au centre de la table ovale du Conseil des ministres. Une idée de Konrad Adenauer, qui en avait assez que ses ministres regardent leur montre à tout bout de champ. Personne n'a jamais osé se débarrasser de ce fétiche. Quand elle veut se parer de tradition, la chancellerie est obligée de déménager dans un décor d'époque. Pour les banquets, elle s'installe au château de Charlottenburg, ancienne résidence de la famille royale de Prusse. Un palais jaune et surchargé. C'est un peu comme si les banquets officiels du président français avaient lieu au musée des Arts décoratifs. Il est interdit pourtant d'utiliser la vaisselle de la reine Sophie-Charlotte, les soupières fines et la porcelaine chinoise. Les convives peuvent admirer ces collections bien à l'abri dans les vitrines.

L'Élysée me tourne la tête. Tous ces cristaux de Bohême, ces pendules, ces cheminées, ces médaillons, ces portraits, ces bustes, ces chaises lyres, ces fauteuils gondoles. Au bout d'un moment, l'émerveillement fait place à l'écœurement. Chaque pièce a une histoire : la bibliothèque fut la chambre à coucher de la duchesse de Bourbon. La salle des fêtes fut construite pour l'Exposition universelle de 1889. Le salon Pompadour fut la chambre d'apparat de la marquise. Les chefs d'État et de gouvernement européens y dînèrent le 18 novembre 1989, juste après la chute du mur de Berlin. Le salon d'Argent jouit d'une double notoriété : c'est ici que Napoléon Ier signa son acte d'abdication après la défaite de Waterloo et que, des années plus tard, le président Félix Faure mourut d'un arrêt cardiaque après la pipe enthousiaste de sa maîtresse Marguerite. De Gaulle n'aimait pas ce «palais à femmes».

J'ai l'impression de visiter un de ces vieux manoirs déglingués que les aristocrates anglais désargentés ouvrent au public le dimanche. Des barrières de cordons rouges interdisent l'entrée dans les zones fragiles. Les tapis sont roulés, les rideaux et les mains courantes dans les escaliers protégés par des caches de plexiglas. C'est tout juste si on ne nous oblige pas à enfiler des patins pour ne pas rayer les parquets. L'ambiance était plus décontractée à la chancellerie. Pour la journée portes ouvertes, les visiteurs pouvaient caresser les flancs de l'Audi de la chancelière, chevaucher une moto du commando d'escorte, grimper à bord de l'hélicoptère officiel et marcher, sans même avoir essuyé leurs chaussures, sur le tapis rouge. Pas d'odeur de moisi. Tout est high-tech. La chancellerie compense son manque de tradition historique par un feu d'artifice de prouesses techniques : installation photovoltaïque sur le toit, protection acoustique dans la salle du Conseil des ministres, diesel bio, électricité écologique et piste d'atterrissage pour l'hélicoptère de la chancelière au bout du parc. Valéry Giscard d'Estaing essaya bien une fois de se poser en hélicoptère dans les jardins de l'Élysée... Ce fut un désastre : les carreaux des vieilles fenêtres volèrent en éclats, les branches des arbres du parc furent arrachées, le gravier tourbillonna sur les terrasses. L'expérience ne fut jamais renouvelée.

A-t-on jamais songé à déménager dans un autre immeuble plus adapté à l'exercice du pouvoir ? Un bâtiment plus fonctionnel et surtout plus spacieux qui logerait tout l'exécutif sur le modèle de la chancellerie allemande ? Au nom de quelle tradition notre président est-il enchaîné à ce décor tellement en porte-à-faux avec le monde qui l'entoure ? Ce petit palais vétuste coûte si cher en entretien et en réparations. Il me semble que ma question tombe sous le sens. Mais elle scandalise : « Vous n'y pensez pas ! Vous êtes ici dans le giron de la France, madame ! » Pourtant presque tous les présidents ont songé à partir. « Je plains celle qui va me succéder dans ce musée », gémit Yvonne de Gaulle en faisant ses malles quand son mari démissionna. Le Général lui non plus n'était pas fâché de quitter l'Élysée au bout de dix ans. Il s'y était toujours senti à l'étroit. Les lits étaient trop courts. Il se cognait aux meubles et se prenait les pieds dans les tapis. Il aurait préféré régner au château de Vincennes.

« Le passé nous surplombait de sa puissance », dirent les Pompidou en passant une première nuit blanche à l'Élysée. « Personne n'a une maison aussi petite », se plaignit François Mitterrand. Le socialiste songea un moment à s'installer aux Invalides. Nicolas Sarkozy envisagea l'École militaire. Mais finalement, tous les présidents reculent face au coût et aux tracas logistiques d'un déménagement.

Rien n'en dit davantage sur la conception du pouvoir en France et en Allemagne que les bureaux de nos deux dirigeants. Celui du président ? Un coffret à bijoux ruisselant sous les ors et les lambris, conçu en 1861 pour l'impératrice Eugénie, l'épouse de Napoléon III. Mais qu'est-ce que le dirigeant d'une République du XXIe siècle fabrique dans le boudoir d'une impératrice du XIXe ? C'est le général de Gaulle qui fit installer le bureau en bois doré de Louis XV devant la cheminée. Il est si étroit que le président a à peine la place pour poser ses dossiers. Pourtant personne n'imagine le remplacer par un meuble moderne. Quand on est assis à ce bureau, il est facile d'oublier que la France est une république. Comment concilier dans cette pièce les dernières innovations technologiques et les contraintes des architectes des monuments historiques ? Il y a des tapisseries des Gobelins aux murs et un tapis représentant l'Amour au sol. Au-dessus des portes, les initiales de Napoléon III et de l'impératrice Eugénie. Mais où donc poser les scanners et les écrans plats ? Où faire passer les câbles ? Comment travailler dans un endroit pareil ?

Quel contraste avec le bureau de la chancelière ! Cent quarante mètres carrés de pragmatisme. Quand elle arriva dans son nouveau bureau du septième étage avec ses cartons et ses piles de dossiers, Angela Merkel commença par réaménager à son goût cette pièce immense. Elle posa des plantes vertes devant les baies vitrées, planta côte à côte les drapeaux allemand et européen au milieu du bureau. Elle accrocha au mur le portrait de Konrad Adenauer par Oskar Kokoschka. L'architecte de la République fédérale après la guerre est le père spirituel de cette femme élevée dans un État totalitaire. Elle croit, avec l'enthousiasme tout frais des convertis, aux vertus de la démocratie occidentale. Elle préfère au bureau colossal qui se trouve là, tellement lourd qu'il a dû être hissé à l'aide d'une grue, une table de conférence près de la porte. Angela Merkel n'a pas seulement déplacé des meubles, elle a rectifié l'image que ses prédécesseurs se faisaient du pouvoir. Elle le conçoit modeste et coopératif. C'est au bout de cette table de conférence qu'elle travaille. Tout près du bureau des secrétaires. Parce qu'elle préfère se lever pour aller leur parler plutôt que de les convoquer en appuyant sur un bouton. Angela Merkel ne prend place au bureau officiel que quand elle téléphone avec un chef d'État étranger. Sinon, elle n'a pas besoin de cette forteresse.

La sobriété de ce bureau, l'atmosphère studieuse qui y règne semblent inversement proportionnelles au pouvoir de sa locataire. Car, quand les affaires du monde ne tournent pas rond, c'est vers cette pièce que convergent tous les regards. C'est là que loge la reine informelle de l'Europe, la doyenne des dirigeants de l'Union, celle que *Forbes* sacra la femme la plus puissante du monde. Une responsabilité qui ne monte pas à la tête de la chancelière. Elle ne songe pas, comme nos présidents, à « incarner la nation », mais à « servir » son peuple. La coupole du Reichstag, juste en face, mesure 10 mètres de plus que le bureau. Histoire de rappeler qui détient le pouvoir en Allemagne.

La chancelière est aussi proche de son peuple que de ses secrétaires. De sa plateforme d'observation au septième étage, elle voit tout : les touristes, les députés sur les marches du Reichstag, les nudistes qui prennent le soleil dans le Tiergarten... Quand elle se penche à sa fenêtre, elle aperçoit les caisses de bière, les samovars, les montagnes de viande saignante et de saucisses sur une pelouse râpée. Les Berlinois pique-niquent. Mais jamais elle ne s'est plainte de cette fumée grasse qui monte jusqu'à ses fenêtres. Une sacrée épreuve quand même !

De la fenêtre de son bureau, le président français ne voit que les jardiniers en train de tailler les rhododendrons de son parc privé sous des platanes au grand âge. Une fois tirés les vingt et un coups de canon qui marquent son investiture, il est prisonnier de ces murs tricentenaires. Pour respirer, Mitterrand allait se promener avec un ami sur les quais de la Seine. Sarkozy fuyait au Bristol, cet hôtel huppé de la rue du Faubourg-Saint-Honoré. François Hollande s'échappait sur son scooter. « Il pourrait y avoir la guerre dehors, on ne s'en rendrait pas compte », se plaignait-il.

Tous les dirigeants allemands reviennent impressionnés de leur première visite à l'Élysée : ils se croient au Louvre quand ils déjeunent avec le président dans un salon tapissé de toiles de maître. Et tous ces conseillers qui avancent le dos courbé, des dossiers sous le bras, dans le sillage du président. « Une telle dévotion est inimaginable chez nous ! »

s'exclament-ils. À la chancellerie, pas de rituels guindés, pas de formalisme d'un autre âge. Les Allemands d'après-guerre sont choqués : toute cette pompe est-elle compatible avec une culture démocratique ? Lothar de Maizière racontait combien il s'était senti mal à l'aise quand un huissier s'était plié en deux pour lui laisser le passage et lui désigner une petite chaise dans le bureau du président. Le dernier Premier ministre de la RDA se retrouva en audience face à François Mitterrand assis lui sur une sorte de trône en or. Le « Roi-Soleil » avait-il oublié que la réunification allemande venait d'être décidée à Moscou et Washington, et non à Paris ? L'Élysée est-il le reflet fidèle d'une France cramponnée à sa splendeur fanée ? C'est sûrement ce que se demandent les chanceliers allemands quand ils redescendent les marches du palais pour rentrer chez eux.

Les casseroles de la République

« Tu verras, me dit mon prédécesseur quand j'arrivai en Allemagne en 1989 comme correspondante de *Libération*, ici même les chanceliers paient leur café de leur poche. »

Nous avions éclaté de rire : « Non, mais tu imagines ça chez nous ! Un président qui fait la queue à la cantine, fouille dans son portefeuille et tend quelques pièces à la caissière ? Surréaliste ! Nos élus à nous, c'est pas du tout le même genre. Entre les sans-gêne qui piochent dans les caisses de l'État et les étourdis qui "oublient" de payer leurs impôts, nous sommes servis ! »

Nous étions pleins d'admiration pour la vertu à nos yeux surhumaine des hommes politiques allemands. Et même un peu envieux : comment font-ils, tous ces saints, pour résister comme ça à l'appât du gain ? À croire que la cupidité, ce vice universel, est confisquée à la frontière par les douaniers allemands.

Je dois reconnaître qu'après toutes ces années, je n'en reviens toujours pas. Angela Merkel : plus d'une décennie au pouvoir et pas la moindre petite casserole. Chez nous, il faut remonter au général de Gaulle pour rencontrer un tel être d'exception.

Dans tout pays normalement constitué, comme l'Allemagne, une casserole est un récipient que l'on trouve à la cuisine. En France, les casseroles sont aussi utilisées en politique. « Traîner une casserole », dit-on. Et si on veut être anatomiquement plus précis : « Avoir une casserole au cul. » Le scandale politico-financier poursuit les hommes politiques comme ces casseroles que les gosses des villages d'antan accrochaient à la queue des chiens et des chats. Quelle joie sadique de regarder virevolter les bêtes affolées par ce tintamarre qui les poursuit. Elles ont beau courir et s'ébrouer, elles n'arrivent plus à s'en débarrasser. En allemand, on dirait « avoir un cadavre dans l'armoire ». Cette métaphore sent la putréfaction, mais elle est silencieuse. Les casseroles en revanche font du bruit, beaucoup de bruit. Pendant des semaines on n'entend plus qu'elles. Peu importe ce qui se passe dans le reste du monde, on ne parle plus que de ça. Plusieurs candidats ont été rattrapés ainsi par leurs agissements passés alors que, justement, ils se préparaient à glisser un pied ravi sur le dallage de marbre de l'Élysée.

C'est étrange quand même qu'au pays de la gastronomie le nom d'un ustensile aussi noble soit souillé ainsi pour décrire une affaire aussi sale. Font

partie de la panoplie standard de l'homme politique
français : un diplôme de l'ENA, des chaussures
noires à lacets impeccablement cirées, un assistant
onctueux qui se courbe à 90 degrés quand son chef
lui adresse la parole... et une casserole. Des petits
agents publics au président de la République, tous
corrompus ? se demandent les Allemands. Mon pays
ressemble à une cuisine de grand chef : au mur une
batterie de casseroles. Il y en a tant qu'on les confond :
Elf, Clearstream, frégates de Taïwan, Bygmalion,
Bettencourt, Cahuzac, Angolagate et Penelopegate...
Chaque Français est capable de décliner de mémoire
ces noms sulfureux. Ils ont constitué le bruit de fond
d'un moment de nos vies.

Quand, dans les années 1970, Giscard d'Estaing,
encore ministre de l'Économie, reçoit de l'empereur-
dictateur de Centrafrique Bokassa une plaquette de
diamants, j'enfile les perles en verre multicolore de
mes colliers *flower power*. Quand, en juillet 1985,
le *Rainbow Warrior* est saboté, je suis chez mon
dentiste néo-zélandais à Londres. Sa fraise vrombit à
l'intérieur de ma bouche grande ouverte. Il est penché
au-dessus de moi et je vois ses yeux maléfiques.
Quand Jacques Chirac est condamné pour avoir,
lorsqu'il était maire de Paris, procuré des emplois
fictifs à une vingtaine de ses fidèles, je suis en train
de faire ma déclaration de revenus. Pour la première
fois un président français est condamné en correctionnelle : deux ans de prison avec sursis. Pendant
plus de quinze ans, Jacques Chirac ne s'est jamais

présenté devant les juges, invoquant soit l'immunité de sa fonction, soit son état de santé. Et la dernière station : le jour où le prénom Penelope illumina l'écran de mon iPhone, alerte urgente, je suis dans le wagon-restaurant du train Hanovre-Berlin. Dehors : des trombes d'eau sur les champs délavés. Dedans : l'ambiance est aussi sombre que le bouillon de bœuf au fond de mon assiette. Les voyageurs s'interpellent d'une table à l'autre. Trump... Erdogan... Brexit... La panique monte d'un cran quand le nom de François Fillon vient se raccrocher à ce wagonnet. « C'est l'apocalypse ! » s'écrie un petit monsieur triste assis devant une bière.

Comment, après tout ça, expliquer aux Français qu'en Allemagne on persécute pendant des mois un petit baron bavarois qui a copié-collé quelques paragraphes écrits par d'autres dans sa thèse. Il ne s'agissait pas d'argent, mais du titre de *Doktor*, ce qui est bien pire dans un pays très à cheval sur les honneurs universitaires ! Karl-Theodor zu Guttenberg était le chouchou des Allemands jusqu'à cette affaire de plagiat qui l'emporta : il démissionna de son poste de ministre de la Défense et s'exila aux États-Unis. Il n'est jamais revenu depuis.

Et comment expliquer ces bagatelles qui font voler en éclats les carrières politiques en Allemagne ? Un député utilise les « miles » de ses voyages d'affaires pour acheter les billets d'avion de ses vacances en famille. Tout de suite, il est placé sur un siège éjectable. Démission ! À Paris, on s'étonne : pourquoi en faire tout un plat ?

D'autres fautes sont carrément incompréhensibles pour nous. La carrière d'un ministre est brisée parce qu'il emploie sa femme de ménage au noir. Et alors ? Un autre doit démissionner parce qu'il a utilisé le papier à en-tête de son ministère pour donner un coup de pouce à un cousin par alliance. Celui-ci avait eu une idée de génie : il voulait remplacer les pièces de un euro qui servent de caution pour les chariots de supermarché par des jetons en plastique. Réaction française : « Non, mais tu te moques de nous ! C'est du trafic d'influence ou la dictature de la transparence, ça ? » La présidente du Bundestag prête sa voiture de fonction (mais pas son chauffeur) à son mari pour qu'il aille faire une petite course pendant qu'elle boucle un dossier. Où est le problème ?

« Mais c'est épouuuvantable ! » se serait exclamée Bernadette Chirac, horrifiée, quand Gerhard Schröder lui expliqua que son épouse, Doris, arriverait un peu plus tard à l'Élysée. Doris avait retenu la leçon depuis un récent voyage en Espagne. Sur le chemin des vacances, elle avait accompagné son mari à un dîner amical chez le Premier ministre espagnol José María Aznar et sa femme. Or, quand il s'agit d'une rencontre informelle de ce genre, le règlement est clair : seul le chancelier a le droit de voyager gratuitement à bord de l'Airbus de la Luftwaffe à moitié vide. Doris n'était pas au courant. Elle avait dû rembourser son billet, ceux de sa fille et de sa mère.

Les biscuits secs et les limonades consommés durant le vol furent facturés séparément. Depuis, Doris voyage en classe économique.

Même quand l'Allemagne était obsédée par le « scandale des caisses noires », ces comptes occultes mis en place par Helmut Kohl pour financer les campagnes électorales de son parti, un grand éditorialiste parisien jugea que toute cette affaire n'était qu'une « égratignure insignifiante sur la statue du Commandeur ». Comment les Allemands pouvaient-ils être aussi mesquins avec le père de la réunification allemande et de la construction européenne ! D'ailleurs, il ne s'était pas enrichi personnellement. Il n'avait pas flambé ni entretenu une maîtresse. Il avait agi uniquement pour le bien de son parti. Où était le mal ? Il faut dire qu'en France nous venions alors de traverser l'affaire des tables d'écoutes de François Mitterrand, sans doute la plus rocambolesque de toutes. Le grand seigneur du socialisme avait logé pendant des années sa seconde famille, protégée par des gardes du corps aux frais du contribuable. Il n'avait pas hésité à placer tout Paris sur table d'écoutes pour préserver sa double vie. Seuls les parlementaires britanniques qui financent aux frais de la princesse les couches-culottes de bébé et les films porno de monsieur font concurrence aux Français.

Pendant des semaines je me suis cassé la tête : comment expliquer l'affaire Wulff ? Le président allemand est accusé d'avoir profité d'un crédit à taux préférentiel pour s'acheter une maison à

Grossburgwedel. Une maison où ? À Paris on adore le nom à coucher dehors de ce bled en rase campagne. « Tu es sûre d'avoir bien compris de quoi il s'agit ? » me demande-t-on à plusieurs reprises. Mais ce n'est pas tout : Christian Wulff est aussi inculpé pour trafic d'influence. Un producteur de cinéma paie au président sa chambre d'hôtel et sa note de baby-sitter et l'invite à prendre un bock à la fête de la bière à Munich. En échange de quoi, Christian Wulff aurait glissé un mot favorable à l'oreille des grands chefs de Siemens pour qu'ils soutiennent le projet de film de son ami. Montant de la charge retenue : 745 euros. Les Allemands sont scandalisés. Les Français sont hilares : qu'une lourde machine judiciaire soit mise en branle, qu'une enquête minutieuse mobilise quarante-six témoins et accouche d'un dossier de 30 000 pages... tout cela pour 745 euros ! Mais sur quelle planète vivent-ils, ces gens-là !

En Allemagne, tous les doigts sont pointés vers le château de Bellevue. Le président est forcé de démissionner. En France, on a pitié. Qu'est-ce que ce brave homme a fait de mal ? Non, mais à ce compte-là, il n'y aurait plus personne pour gouverner chez nous. Ils sont fous, ces Allemands ! Mélanger un peu le privé et le business n'a jamais fait de mal à personne. Est-ce que les Allemands ont déjà entendu parler de l'affaire Cahuzac ? Une vraie marmite géante, celle-là, pas une mini-casserole tout juste bonne à faire monter une sauce. Jérôme Cahuzac, ancien ministre du Budget, chargé – comble de l'ironie – de lutter contre l'évasion fiscale, est condamné pour fraude fiscale et blanchiment d'argent. Après avoir menti pendant des mois, y compris aux députés de l'Assemblée nationale, cet ancien chirurgien finit par avouer avoir placé les revenus de sa clinique pour implants capillaires sur des comptes en Suisse et à Singapour. Il est condamné à trois ans de prison ferme. Montant des sommes mises à l'abri : 3,5 millions d'euros – 3,5 millions contre 745 euros ! J'avoue qu'en mettant ces chiffres côte à côte, je suis presque fière que mon pays fasse les choses avec autant de largesse.

Chaque fois que je rentre en France en période électorale, je suis accueillie par le même chœur. Les têtes vont rouler ! Quelques semaines plus tard, la révolution est retombée tel un soufflé au fromage. Les casseroles empêchent rarement une réélection. Nicolas Sarkozy, qui jurait avant son élection : « Il y aura du sang sur les murs. Lorsque je serai au pouvoir, je les pendrai tous à un croc de boucher », fut renvoyé en correctionnelle à cause de l'affaire du financement douteux de sa campagne électorale de 2012. Cela ne l'empêcha pas de se représenter à la dernière élection. Car n'allez surtout pas croire qu'en France celui qui est pris la main dans le sac va rougir et démissionner. Bien au contraire. Il crie à la chasse à l'homme et au complot, s'en prend aux juges et aux médias. Il s'accroche comme un naufragé à un radeau qui prend l'eau. Il semble que pour une certaine génération d'hommes politiques français la corruption est naturelle – un privilège, un acquis indiscutable. On dispose de l'enveloppe des assistants parlementaires comme d'un bien propre. On n'est même pas conscient que cela puisse être un problème.

Alors quel soulagement pour nous les Français quand nos voisins si vertueux s'offrent, dans l'industrie au moins, de vrais scandales : les comptes au Liechtenstein des grands managers, les trafics d'influence chez Siemens, le trucage des moteurs chez Volkswagen, et la palme : le Mondial de 2006 acheté... Que de mythes allemands détruits. Depuis, nous nous sentons nettement moins seuls.

Stammtisch aux huîtres

A llez expliquer à un Français qui n'est pas alsacien ce qu'est une *Stammtisch*. C'était quelques jours après la chute du Mur. J'étais allée déjeuner dans un bistrot du quartier de Pankow, au fin fond de Berlin-Est, avec l'éditorialiste d'un grand journal parisien très gauche caviar, un métissage social qui n'existe pas en Allemagne. *Champagner-Linke*, la « gauche champagne », traduisent tant bien que mal les Allemands pour s'indigner de l'inconséquence de ces défenseurs du prolétariat aux allures de dandys. Il est vrai que le caviar et le champagne ne sont pas les aliments que l'on associe spontanément aux gauchistes allemands. Steaks de tofu et rooibos, ou saucisse et bock de bière décrivent mieux la terne réalité de leurs tables.

L'influent éditorialiste, ancien maoïste comme il se doit, passait une semaine à faire la tournée des capitales des démocraties populaires en pleine rébellion. Il arrivait de Prague et faisait escale à Berlin-Est avant de prendre l'avion le lendemain pour Varsovie. Il faisait un froid de canard. Le ciel était bleu azur. Avec sa volumineuse doudoune noire, ses Ray-Ban et son minuscule Instamatic Kodak pendu autour du cou, il immortalisait, clic, clic, l'agonie de la RDA. L'établissement où nous espérions trouver une table pour déjeuner sentait le détergent et le chou bouilli. Des mégots gisaient au fond des cendriers. Le linoléum fraîchement passé à la serpillière luisait comme une patinoire. Un seau rempli d'un bouillon noirâtre avait été oublié dans un coin de la salle. La serveuse était revêche, le décor avait le charme sévère du socialisme réel. Les grappes de glycines en plastique donnaient un air de faux printemps à cette journée d'hiver. La guirlande d'ampoules multicolores au-dessus du comptoir apportait une touche de gaieté artificielle à la grisaille ambiante. J'avais pour mission de montrer à ce vrai Parisien parachuté ici pour quelques heures à quoi ressemblait la vraie RDA. Le bistrot était bondé. Mais miracle ! Dans un coin de la pièce se trouvait une table ronde recouverte d'une nappe à petits carreaux rouges et blancs. Elle était libre. Sans attendre d'être placé, mon invité traversa la salle d'un bout à l'autre et alla s'installer à la table. Il nous fit signe de le rejoindre. Ce candide ne réalisait pas qu'il venait de commettre une grave transgression. La serveuse bondit, se précipita sur lui et désigna d'un doigt indigné une sorte de trophée doré au milieu de la table. Il portait l'inscription

Stammtisch en lettres arabesques. « Ne vous asseyez pas ! » hurla la serveuse, furieuse. Mon invité passa la main dans ses cheveux gominés. Il me fixa de ses grands yeux pétrifiés. Je lui expliquai ce qu'est une *Stammtisch*, ce haut lieu de la culture germanique. On se réunit une fois par semaine à la même heure, le plus souvent entre hommes, pour écluser les bières, taper le carton et parler femmes, foot, voitures et surtout politique. On n'a pas besoin de prendre rendez-vous. La table, toujours la même, vous est réservée d'office. On vient si on en a envie. On est entre soi. « Ah, s'écria l'éditorialiste en battant des mains comme un enfant. C'est comme pour moi le dimanche midi chez Bofinger ! » Fier d'avoir percé un secret de l'âme allemande, il était en train de tendre un fil de Pankow à la Bastille.

Le bistrot de quartier à Pankow et Bofinger rue de la Bastille à Paris... Je me demande encore aujourd'hui comment il est possible de déceler une quelconque affinité élective entre ces deux lieux. J'étais très gênée quand les amis est-allemands qui nous accompagnaient, des dissidents du mouvement d'opposition clandestin Neues Forum, me demandèrent de traduire le dialogue de sourds qui se poursuivait entre la serveuse et l'éditorialiste. Bofinger ? Ils insistaient. Bofinger, elle ressemble à quoi, la *Stammtisch* de monsieur ? J'avoue que les mots restèrent coincés en travers de ma gorge. Je n'osai pas décrire la splendide coupole ovale Belle Époque du rez-de-chaussée classée au patrimoine historique, ni les miroirs biseautés et les marqueteries dans les salons privés à l'étage, et surtout pas les magrets, les fois gras et les fines de claire au fond des assiettes. À Pankow, le nain de jardin posé au-dessus de la batterie de tireuses à bière m'observait d'un air réprobateur. Allais-je humilier ces braves gens et détruire leurs dernières illusions d'équité sociale en décrivant une *Stammtisch* pour privilégiés capitalistes sur la rive gauche du Rhin? Je me sentis coupable. Alors je mentis lâchement : «C'est le bistrot près de chez lui à Paris.»

Les Français ont souvent besoin, pour se rassurer, de ranger ce qui leur est étranger dans les petits tiroirs de leur univers national. «Chez nous ce serait la Seine!» s'exclament-ils quand ils voient le Neckar. Il est vrai que le monde entier réduit à quelques kilomètres carrés entre la Bastille et Saint-Germain-des-Prés est plus facile à maîtriser. Bofinger, la plus vieille brasserie alsacienne, fondée en 1864, une grande institution parisienne, est à des années-lumière du bistrot de Pankow avant, et même après la chute du Mur. Même Borchardt, la cantine des branchés du nouveau Berlin, a le mauvais goût des parvenus à côté de Bofinger, ancré depuis plus d'un siècle et demi dans ses traditions. C'est chez Bofinger que tout le beau linge politique, journalistique, artistique et littéraire se retrouve pour égrener les potins, nouer les alliances, signer les contrats, faire et défaire les réputations et les amours clandestines.

L'établissement Bofinger dresse avec fierté le catalogue scintillant des célébrités qui ont posé leurs fesses sur ses banquettes de cuir matelassé. Elles sont classées par ordre alphabétique, le nom de famille avant le prénom, comme à l'école, et la date de naissance entre parenthèses. On y apprend que Allen Woody (1935) y a ses habitudes le dimanche quand il séjourne à Paris et que Streisand Barbra (1942) y retrouva le calme après un concert à Bercy, que Gaultier Jean-Paul (1952) y amena Madonna, *the queen of pop*, et Yvette Horner, la reine de l'accordéon. Il les habille toutes les deux. Mais surtout on y découvre que l'histoire de France s'est écrite sur ces nappes blanches amidonnées. Le chef du Parti radical Herriot Édouard (1872) tissa ses ambitions politiques dans les discrets salons du premier étage. Pompidou Georges (1911) fréquentait les lieux. Enfin, heure de gloire de la maison, c'est chez Bofinger que, le 10 mai 1981, Mitterrand François (1916) réserva tout un étage. Entouré de ses deux mille convives, il fêta sa victoire. Le poète Aragon Louis (1897) était assis dans un coin de la salle devant son Vittel-menthe. Drapé dans une cape noire, celui qui fut toute sa vie fidèle au PCF lança avant de rentrer chez lui cette phrase illustre : « Mais qu'est-ce qu'on fête exactement ? » On y lit surtout que mon éditorialiste y rêva de révolution.

Et moi j'étais là, à Pankow, dans des vapeurs de chou, à essayer d'imaginer la « tribu mondaine »

– c'est ainsi qu'on appelle mon éditorialiste et ses potes parce qu'ils se déplacent toujours en groupe – serrée autour de cette table ronde, mon ours polaire et ex-maoïste à la place d'honneur, animant la conversation. Au bout d'une demi-heure, la serveuse finit par nous désigner une table libre et déposa une chope de bière tchèque devant chacun d'entre nous. Mais c'est seulement plus tard, quand mon éditorialiste, éduqué au goût du homard américain rôti en coque flambé au whisky et amateur de ris de veau doré, jus corsé au vinaigre de Banyuls, écrasé de pommes de terre au beurre demi-sel, plongea sa cuiller dans son assiette de soupe *Soljanka* beige, qu'il finit par comprendre que sa comparaison n'avait ni queue ni tête. Il était loin du « voyage sensoriel à travers le temps » auquel invite la carte de Bofinger. Loin du chef et de sa « brigade », « passionnés et talentueux ». Son visage convulsionné faisait foi : le choc culturel l'avait frappé de plein fouet. Bofinger et Pankow étaient deux planètes flottant dans un espace intersidéral. À des milliards d'années-lumière l'une de l'autre.

La *Stammtisch*, c'est le contraire du bling-bling parisien. Rien à voir non plus avec le *Salon* (pononcez « Zalon »), cette mini-cour convoquée à domicile par un maître de cérémonie soucieux de dispenser la culture. Le *Salon* est une *Stammtisch* pour diplômés. Il connaît une renaissance dans les grandes villes allemandes. Le remake un peu guindé d'une institution à l'ancienne. Là aussi on se retrouve entre soi pour un *jour fixe* (on dit *jour fixe* en français, c'est tellement plus chic).

Autour de la *Stammtisch*, les gens du quartier pratiquent les plaisirs simples. Jarret de porc et assiette de charcuterie. Réunion de l'association du carnaval et des sociétés de tir. Karaoké. Tournoi de skat. Fanions à l'effigie du club de foot local que la patronne a crochetés à la main. Tournée gratuite en ordre croissant de Wodka Gorbatschow à 40 %, 50 %, 60 %. Foot le samedi dans la salle du fond. La soirée de la Saint-Sylvestre coûte 50 euros, tout inclus, avec cochon de lait à la broche. Pas besoin de sortir se cailler sur le trottoir, la clope au bec, agglutinés comme des parias sous un champignon chauffant. La *Stammtisch* est une zone franche qui, semble-t-il, n'est jamais tombée sous le coup de la loi sur l'interdiction de fumer dans les lieux publics.

La *Stammtisch* est étroitement reliée au monde qui bouillonne tout autour. Ici on se serre les coudes. On dit du mal de l'establishment, des managers, de la presse, des politiques. On lance des mots d'ordre vigoureux, des formules sévères. On proclame des vérités intouchables. Ici le monde est en noir et blanc. On ne se prend pas la tête avec les nuances et les demi-tons. On peut dire ce qu'on a sur le cœur sans avoir peur des conséquences et surtout sans être forcé à l'action. On rentre chez soi soulagé et plus léger.

La *Stammtisch* a toujours eu cette fonction de cabine de décompression. Mon grand-père alsacien allait une fois par semaine retrouver autour d'une *Stammtisch* au café Central à Colmar les hommes avec qui il avait combattu, sous l'uniforme de l'empereur Guillaume II, durant la Première Guerre mondiale. Ensemble, ils se racontaient les souvenirs du champ de bataille dont plus personne ne voulait entendre parler dans leur famille. Ils pansaient leurs plaies avec ceux qui avaient vécu le même enfer. Avant qu'elle ne tombe en disgrâce, la *Stammtisch* contribuait, j'en suis convaincue, à la santé psychique de ses membres et au bon fonctionnement de la démocratie.

Peut-être ne l'a-t-on pas assez écoutée, la *Stammtisch*, ces dernières années ? Car les soupçons pèsent sur ce think tank populaire. « C'est du niveau *Stammtisch* », rétorque-t-on en politique quand on veut démonter les arguments de son adversaire. Les « arguments *Stammtisch* » sont étroits d'esprit, populistes, xénophobes, bêtes et méchants. La *Stammtisch* est un lieu maléfique, voire dangereux. Que se trame-t-il derrière les innocents rideaux vichy aux fenêtres des bistrots de quartier ? La *Stammtisch* est l'école à laquelle ont été formés les protestataires de l'AfD, cette nouvelle formation populiste d'extrême droite partie à la conquête des bureaux de vote. Et Pegida, cette grande manif organisée une fois par semaine dans la ville de Dresde, n'est-elle pas une sorte de *Stammtisch* de la rue ? Le mode d'emploi est identique. On se retrouve à la même heure et au même endroit le même jour, généralement à la tombée de la nuit. Une canette de bière dans une main, un drapeau rouge, or, noir dans l'autre. On marche tous ensemble. On dit du mal du gouvernement en place et des privilégiés. On se sent lésé. On en a ras le bol. Enfin on lâche ce qu'on a sur le cœur depuis longtemps. Si seulement Demoscope avait écouté ce que les *Stammtische* avaient à dire. Ah, si seulement on avait plaqué un œil attentif contre le trou de la serrure des bistrots de quartier. On n'en serait peut-être pas arrivé là.

Les murs qui parlent

Les villes allemandes ont la manie de vouloir vous remettre sur le droit chemin à chaque coin de rue. Je ne parle pas des mémoriaux, des *Stolpersteine*, ces petits pavés de laiton incrustés sur le trottoir devant les immeubles où habitaient des Juifs morts en déportation, ni même de toutes les plaques officielles et sculptures repentantes de la période nazie. Tout cela appartient au douloureux travail de mémoire que les Allemands accomplissent depuis 1945. Il serait trop facile d'en critiquer la gaucherie ou la raideur. Les Allemands de l'après-guerre se dépêtrent comme ils peuvent de leur histoire. Non, ce qui me frappe et, je l'avoue d'emblée, me perturbe, ce sont toutes ces injonctions morales auxquelles on est confronté du matin au soir. Le «Fermez la porte!» bouillonnant de colère scotché à la porte de l'immeuble. Cet ordre est assorti d'une leçon d'écologie en petits caractères rappelant combien ce genre de déperdition d'énergie contribue à la catastrophe climatique. Le «Honte à toi!» écrit au feutre rouge sur la feuille de papier ménage posée sur une crotte de chien abandonnée en plein milieu du trottoir. La notice «Objet perdu» punaisée sur un tronc d'arbre. Quelqu'un a perdu sa chaînette en or. Jusque-là, tout est normal. Mais la propriétaire de la chaînette ne peut s'empêcher d'ajouter un avertissement : «La propriété privée doit être respectée.»

Même durant la promenade du dimanche après-midi, on n'est pas à l'abri d'un index réprobateur. Je suis allée dernièrement faire le tour du Schlachtensee, un des grands lacs berlinois. Je pensais ne trouver que le clapotis de l'eau, le gazouillis des oiseaux, le souffle de la brise dans les feuillages. Ici au moins aucun surmoi ne surgirait de derrière un buisson.

Quelle ne fut pas ma surprise, en arrivant à la pointe du lac, quand je découvris un panneau en bois. Non, pas un petit écriteau discret qui prend bien garde de ne pas vous gâcher la vue, mais un immense panneau. Gravé à la main et en anglais, ce poème :

> «*Said the robin to the sparrow,*
> *"I would like to know,*
> *Why these anxious human beings*
> *Rush about and worry so."*
> *Said the sparrow to the robin,*
> *"Friend I think that it must be,*

That they have no Heavenly Father,
Such as cares for you and me." »

Elizabeth Cheney, 1859[1]

Passons sur l'indigence des vers, la pauvreté des rimes et le ton fondamentaliste chrétien... Ce qui me révolte le plus, c'est le culot de celui qui m'impose un tel prêche. Et quelle administration a bien pu autoriser la pose de ce panneau ? Si chaque prédicateur, chaque gourou, chaque détenteur de sagesses ésotériques avait le droit de planter sa maxime là où l'envie lui prend, imaginez à quoi ressembleraient les paysages de ce pays. Un précepte moral sur le tronc de chaque arbre de la Forêt-Noire. Les dix commandements semés dans les prairies de Franconie. J'oublie Elizabeth Cheney et je passe mon chemin.

Même chez le coiffeur on n'est pas épargné par les donneurs de leçons. J'ai toujours cru qu'un salon de coiffure est un endroit où le cerveau a enfin le droit de se ramollir comme un pudding. Ne plus penser à rien. Ne plus réfléchir. Échanger quelques potins avec sa coiffeuse. Transporté par les vapeurs de camomille et de jojoba, on se laisse glisser dans un nirvana tiède. Et il ne viendrait à l'idée de personne de se prendre la tête avec des questions existentielles.

1. « Le rouge-gorge dit au moineau / "Je voudrais tant savoir / Pourquoi ces êtres humains si anxieux / se pressent et se font tant de soucis." / Le moineau dit au rouge-gorge / "Mon ami je pense que c'est parce qu'il / n'y a pas de Père dans leurs cieux. / comme celui qui veille sur toi et moi."»

C'est seulement quand l'eau chaude coule le long de mes tempes et que je commence à oublier le stress de la journée que je remarque une feuille de papier punaisée au plafond. Une maxime d'Hermann Hesse écrite en gros caractères au feutre noir : « Il n'y a que les faibles que l'on envoie sur des chemins sans embûches. »

La coiffeuse m'explique qu'une fois par semaine, la femme de ménage grimpe sur une échelle et fixe au plafond un nouvel adage plein de sagesse. Cette missionnaire veut sauver les clientes du salon. Je n'ai jamais aimé Hermann Hesse. Un écrivain pour garçons. Les filles de ma génération lisaient Flaubert. Le piétiste rigide contre le libre-penseur anticlérical. Pendant que les garçons assistaient au duel de Narcisse et Goldmund, nous les filles nous montions à bord du fiacre fou qui tournoyait, rideaux tirés, dans Rouen, protégeant les ébats adultères d'Emma Bovary. Et ce n'est pas cette petite phrase sévère au-dessus du bac de rinçage qui va réhabiliter Hermann Hesse à mes yeux. Je tressaille dans mon fauteuil : et qu'y a-t-il de mal à emprunter un chemin facile ? N'est-ce pas justement un signe de vraie force que de savoir se simplifier la vie, et – oui – la savourer même ! Elle se charge bien toute seule de mettre des heures sombres sur notre chemin. Et d'ailleurs qu'est-ce qu'un faible ? Un sage qui profite de chaque instant parce qu'il sait combien la vie est fragile ? Au diable Hermann Hesse !

Pourquoi n'ai-je pas le droit de me promener, de me faire masser le cuir chevelu, de m'asseoir sur un banc public dans ce pays sans que quelqu'un à qui je n'ai rien demandé prenne mon salut en main ? Mais les graffitis peuvent aussi vous forcer à réfléchir. Souvent les murs parlent avec des formules cryptiques. Parfois je les inscris dans un carnet et, une fois rentrée chez moi, j'essaie d'en comprendre le sens.

Prenez le «*To begin with the obvious*». Ces mots sont inscrits en grandes lettres noires sur le mur de brique d'une cour gentrifiée entre des galeries d'art et des cafés branchés à Berlin. Quelqu'un a dû grimper sur les cageots vides empilés dans un coin du parking pour écrire «*To begin with the obvious*», «Pour commencer par l'évidence» : et puis plus rien. Juste le silence gris du mur. À chacun de terminer la phrase à sa guise. Pourquoi le philosophe tagueur s'est-il interrompu ? A-t-il été surpris par un concierge furieux ? Par une averse ? A-t-il voulu encourager ceux qui passent par là à dresser la liste de leurs priorités, à faire le tri entre l'essentiel et le superflu ?

Un autre tag me laisse pensive. Je l'observe depuis des mois chaque fois que je passe devant le ministère de l'Économie dans Invalidenstrasse. Quelqu'un a tracé sur le mur d'en face un ordre en français : «Ne lisez jamais !» Le passant anonyme qui trottine avec sa valise à roulettes vers la gare centrale ne voit même pas ces bribes philosophiques. Mon train va-t-il partir à l'heure? Va-t-il partir tout court? Voilà à quoi il pense. Pourquoi cet ordre si énergique, presque brutal? On y sent une grande colère, un défi. Et ça me plaît. Et pourquoi en français? Avez-vous remarqué que les murs de Berlin sont polyglottes? L'un parle anglais. L'autre français. J'ai longtemps cherché un mur parlant allemand.

J'imagine un scénario plausible : un *Abiturient* (bachelier) – matière principale : français – terrorisé par des années de semonces. Lis donc quelque chose! Il faut que tu lises! Prends un livre au lieu de pianoter sur ton iPhone du matin au soir! Pourquoi ne lis-tu pas? Lève-toi et lis au lieu de rester vautré comme ça dans ton lit! À ton âge, moi je lisais Sartre et Thomas Mann! Allez, fais un effort! Il finit par craquer. Il passe par hasard à vélo devant le ministère. Il descend. Il sort sa bombe de peinture et pousse ce hurlement libérateur sur le mur de béton brut. «Ne lisez jamais!» Un bras d'honneur pour l'éternité. Lire? Plus jamais! Non, il ne sera pas le joker dans les rivalités entre mères. «Ma fille dévore les livres!» dit l'une d'un ton angélique. Et l'autre réplique : «Et mon fils... mon fils rôde la nuit à côté du ministère de l'Économie et griffonne sur les murs. Mais en français et sans fautes, s'il vous plaît!»

Où jeter le pot de yaourt ?

J e m'étais pourtant bien juré : le tri des ordures, jamais ! Il est si facile de faire des Allemands des compulsifs de l'ordre et des moralistes de l'écologie.

Chaque jour, je donne la preuve de ma volonté d'intégration dans mon pays d'adoption. J'ai même intégré les règles les plus complexes : je sais déshabiller un pot de yaourt bio. Le pot de plastique dans la poubelle de droite. Son manteau de papier dans celle de gauche. La botte de persil pourri dans le bac à compost, l'élastique qui retenait les branches dans la cuve réservée aux matières plastiques. Je ne jette plus jamais une pile électrique à la poubelle, mais vais sagement déposer cet agent nocif dans la boîte qui lui est réservée à la droguerie du coin. Les médicaments périmés retournent à la pharmacie. Je transporte les vieux appareils électroménagers à la décharge publique. La législation baroque sur les consignes est responsable de mes insomnies. Un cageot de bouteilles vides voyage en permanence dans le coffre de ma voiture. Je me réjouis d'aller rapporter dans une station-service du Sauerland deux bouteilles de jus de maracuja qu'aucun supermarché berlinois n'accepte de reprendre. Dans un panier, vingt-cinq pots de confiture attendent d'être rapatriés chez leurs divers propriétaires dispersés dans tout Berlin. Une colonie de sacs en plastique et de cartons s'est durablement implantée dans le couloir. Ils espèrent depuis des semaines que leur sort sera enfin tranché.

Le local à poubelles de la cave de mon immeuble est le champ des batailles incessantes des réunions de copropriétaires. Il y a toujours un doigt qui se lève, en fin de séance, quand tout le monde se réjouit de rentrer chez soi, un raclement de gorge et une voix sévère qui ajoute ce « point primordial » à l'ordre du jour : l'état de la cave à poubelles. L'atmosphère est tout de suite à couper au couteau. Chacun soupçonne chacun. Qui donc a le toupet d'abandonner systématiquement ses cartons adossés contre le mur, sans même prendre la peine de les plier et de les tasser dans la poubelle ? Des accusations à peine voilées sont lancées : ce n'est un secret pour personne – et la dame du troisième fixe longuement dans le blanc des yeux le jeune couple du premier –, certains habitants de notre petite communauté solidaire ne prennent pas la peine de déverser les ordures ménagères dans la poubelle biodégradable. Ils jettent le sac plastique avec. Est-ce qu'ils réfléchissent un instant ? Ça n'a pas de sens !

La cave à poubelles est le cœur de notre immeuble. Pour moi elle en est l'intestin. Un réduit étroit, sombre et malodorant. Derrière la lourde porte d'acier se cachent des êtres inquiétants : bactéries, champignons, rats, vers qui s'y retrouvent pour un grand banquet. Ce n'est pas comme cela que j'imagine le cœur d'un immeuble. Pas étonnant que, parmi les tâches ménagères domestiques, descendre la poubelle soit la moins convoitée. Il faut sortir de la maison, tourner le coin, pousser d'un coup d'épaule la lourde porte et descendre trois marches. J'ai toujours peur que la porte ne se referme derrière moi. Il fait froid. Il fait humide. Il y a des traces étranges sur le sol. La petite ampoule de 40 watts au plafond dispense une lumière verdâtre qui donne mauvaise mine et n'éclaire pas les recoins. J'envie les habitants de l'immeuble d'à côté dont les poubelles sont parquées dans l'arrière-cour. Eux, au moins, peuvent trier leurs déchets au grand jour, à l'ombre d'un marronnier. Ils prennent d'ailleurs un plaisir sadique à réveiller toute la maisonnée à l'aube en faisant exploser l'une après l'autre dans le container leurs bouteilles triées par couleurs.

Il faut dire que mon initiation au tri des ordures fut traumatisante. Je venais d'arriver en Allemagne et j'habitais depuis quelques jours à Bonn, près de la gare. Un matin, on tambourina à ma porte. C'était ma propriétaire, une sociale-démocrate bon teint. Je l'avais aperçue la veille, enveloppée dans un long drap blanc. Elle manifestait contre la guerre du Golfe. Elle était aussi l'initiatrice d'une pétition pour que la capitale de l'Allemagne réunifiée reste à Bonn. Impossible que le pays dérive à l'est, vers Berlin, capitale du IIIe Reich, du communisme et des objecteurs de conscience ! C'est comme ça qu'on jette la démocratie dans la gueule du loup !

J'ouvris la porte. Ma propriétaire brandit sous mon nez le sac que je venais de déposer dans la cave à poubelles. Je ne comprenais pas. Elle entra et déversa son contenu dans la cuisine. Elle faisait ça pour mon bien. Je devais être initiée à la loi du tri : les lingettes démaquillantes d'un côté, les pelures d'orange de l'autre, les tampons ici, le stylo à bille vide là. Elle ôta le couvercle d'un pot de sauce tomate et sépara les deux. Assise à ses côtés, j'assistais à l'étalage de mon intimité sur le carrelage. J'avais envie de m'enfoncer dix pieds sous terre. Ce pays que je connaissais si peu m'intimidait. Je ne voulais pas, dès le troisième jour, enfreindre un commandement si capital.

Je me mis donc à étudier les directives du ministère de l'Environnement. J'appris les règles, mais aussi les exceptions. Je me rendis compte que chaque Land, chaque ville, chaque arrondissement, chaque maison, chaque cuisine a son propre système. Où était la logique ? Aucune idée. C'est pourquoi j'appris par cœur : ne pas rincer les pots de yaourt. Ça occasionne un gâchis d'eau et nécessite l'emploi de liquide vaisselle polluant. Se contenter d'en gratter le fond avec une petite cuiller. Ne pas mettre les cartons à pizza souillés, les mouchoirs en papier pleins de morve sèche et les couches-culottes dans la cuve réservée au papier, mais dans la poubelle «divers». Les règles les plus byzantines n'eurent bientôt plus de secret pour moi: les verres à vin ne sont pas faits de la même matière que les bouteilles. Il ne faut donc pas les jeter dans la cuve de recyclage du verre. Mais, tout comme les éclats de vitre, les ampoules électriques et la porcelaine, avec les déchets divers.

Quand j'appris qu'il est recommandé de séparer les étiquettes des bouteilles et les languettes autocollantes du papier des enveloppes, j'ai vraiment cru à un rituel religieux inventé par une obscure secte. D'ailleurs, j'admire la confiance du ministère de l'Environnement en l'humanité, comme si la discipline et le sens civique étaient des vertus innées. Je pensais à l'incapacité chronique des Français à se soumettre à une loi aussi contraignante. Mais même les Allemands ne sont pas aussi vertueux qu'on le pense. Au Schlachtensee, à Berlin, la mairie d'arrondissement eut cette idée d'une incroyable naïveté: si l'on supprime les poubelles, les gens vont forcément remporter leurs déchets chez eux. Résultat: les sous-bois sont jonchés d'ordures. Le chemin de guet qui fait le tour du lac ressemble aux ruelles de Naples après plusieurs jours de grève des éboueurs.

Dans ces conditions, commettre une petite transgression de temps en temps est un acte d'hygiène mentale. Voilà pourquoi je me le permets parfois : hop ! une boîte de sauce tomate avec les épluchures de pommes de terre. Un sachet plastique entre les vieux journaux. Mon triomphe hebdomadaire : je glisse les bouteilles vertes, brunes et blanches dans le même container. Personne ne connaîtra jamais le coupable. Pas même la dame du troisième. Une fanfaronnade pubertaire, j'en suis tout à fait consciente. Mais j'en reste quand même assez fière. Contrevenir à la loi du recyclage, ça soulage ! Ça donne surtout l'illusion d'avoir préservé une once de libre arbitre !

À la recherche du modèle allemand

Les mots allemands ont toujours été à la mode en France. Il y a eu le *Blitz* et le *Panzer* des années de guerre, la *Angst* et la *Waldsterben* des années 1980, la *Wiedervereinigung* et la *Mitteleuropa* des années 1990. Le Kärcher fit scandale quand Nicolas Sarkozy recommanda qu'on se serve de ce tuyau à haute pression fabriqué par l'entreprise allemande éponyme pour nettoyer les banlieues insoumises. Le «diktat», le «leitmotiv», l'«ersatz», le «putsch» et le «vasistas» sont tellement bien intégrés que tout le monde a oublié d'où ils viennent. Parfois les Français s'approprient même des mots qui n'existent pas en allemand. Le «modèle allemand» par exemple. Il déboule à chaque coin de phrase ces temps-ci. Un mot *made in France*.

Le «modèle allemand», un mélange de consensus et de dialogue social onctueux comme une crème bavaroise. Personne en France n'en connaît la recette. On s'étonne seulement : les Allemands ne se mettent pas en grève pour un oui ou pour un non, ils acceptent – presque sans broncher ! – la modération salariale dans les périodes difficiles, et la retraite à 67 ans est passée chez eux comme une lettre à la poste. Résultat : l'Allemagne reste, malgré la crise, la première de la classe européenne. La Grèce suffoque, l'Espagne et l'Italie vont mal, la France est devenue, aux yeux des Allemands, le plus gros problème de la zone euro, avec son endettement chronique et son incapacité à se réformer, son « continuons comme si de rien n'était, on verra bien ce que l'avenir nous réserve ». Et au milieu de cette grande tourmente, l'Allemagne ne vacille pas. Elle s'en sort même plutôt bien. Malade il y a quinze ans, elle est aujourd'hui le boute-en-train de l'Europe. Et à Paris, on se demande : mais comment font-ils ?

Nous aimerions tant copier le « modèle allemand ». Un « trésor », disait Nicolas Sarkozy, un grand fan. En 2012 déjà – cela avait beaucoup amusé les Allemands –, le président de la République ne cessa, lors d'une allocution à la télévision, de rendre hommage à Gerhard Schröder et à son « agenda 2010 ». En l'espace de soixante-dix minutes, il loue quinze fois l'Allemagne et son modèle. C'est une fois toutes les quatre à six minutes. Sous l'immense lustre de cristal de son bureau, Nicolas Sarkozy revendiqua le droit de jeter un œil sur la copie du meilleur élève européen : « Est-ce que franchement ce n'est pas mon rôle de regarder ce qui marche à l'extérieur et de dire aux Français : "Regardez, cela a marché chez eux ! Pourquoi cela ne marcherait pas chez nous ?" »

Beaucoup de Français ne voient pourtant pas dans le « modèle allemand » un remède miracle, mais bien un poison. Un leader de gauche perdit même ses nerfs : « C'est reparti avec le "modèle allemand". Des millions de mini-jobs à 450 euros par mois ! Des salaires de misère ! L'écart qui se creuse entre les riches et les pauvres ! Le modèle allemand n'est pas le modèle français ! » Un auditeur tempêta à la radio : « Les Français vont bientôt avoir une overdose du "modèle allemand" ! » Et bien entendu, on fit aussi appel à Hitler pour le dégommer. Sarkozy, décocha un député socialiste, c'est « Daladier à Munich ».

Ceux qui aujourd'hui s'inspirent de l'Allemagne sont des vassaux : François Fillon est « le petit télégraphiste de Mme Merkel », dit Nicolas Dupont-Aignan, le candidat de Debout la France à l'élection présidentielle de 2017. François Hollande est « le vice-chancelier de Mme Merkel, administrateur de la province France », fait écho Marine Le Pen. « Moi je ne vis pas avec le complexe du responsable politique français à l'égard de la réussite du modèle allemand ! » se défend le socialiste Benoît Hamon avant même d'être accusé de quoi que ce soit. « *Maul zu, Frau Merkel ! Frankreich ist frei !* » agresse – en allemand – Jean-Luc Mélenchon, chef de la France Insoumise. Il est exaspéré par les références constantes au « modèle allemand », « un pays sans enfants où le plein-emploi repose sur la baisse des salaires » et qui « capture des esclaves de l'Est et du Sud pour faire tourner sa machine économique ». Il conseille à la chancelière qui construit « une Europe allemande » : « Occupez-vous de vos pauvres et de vos équipements en ruine ! » Son pamphlet, intitulé *Le Hareng de Bismarck* et sous-titré *Le Poison allemand*, se moque des « moutons français [qui] bêlent pitoyablement dans leur enclos quand claque le fouet des faces de pierre outre-Rhin ».

Qu'ils soient admirateurs ou détracteurs, les Français se demandent tous : mais comment font les Allemands ? Combien de fois durant mes longues années de correspondante dans ce pays ma rédaction parisienne m'a-t-elle demandé de répondre à cette question ? Comment fonctionnent leurs écoles, leur système d'apprentissage, la cogestion dans leurs entreprises ? Comment ont-ils réformé leur marché du travail, leur système de retraites ? Et manœuvré le tournant énergétique ?

J'ai tant de fois sillonné la province allemande à la recherche des *Mittelständler*, ces PME, le plus souvent familiales, magiciennes discrètes du succès économique. Les pieds enracinés dans leur terroir, elles rayonnent dans le monde entier. Elles combinent un bon sens provincial et une audace de conquérant. De Miele à Kärcher, d'Haribo à Playmobil, de Würth à Claas... Fini, les articles sur le lourd héritage nazi et l'analyse des tourments de l'âme allemande qui m'étaient commandés il y a quelques années encore. C'est l'Allemagne des machines à laver, des tracteurs, celle des vis et des boulons qui fascine aujourd'hui. « Tu vas nous raconter une success-story », commande la rédaction à Paris. Quand la France en crise a besoin de rêver, elle se tourne vers l'Allemagne.

J'en ai rencontré des gens sereins dans ces usines nichées en pleine verdure. Elles semblent totalement à l'abri des turbulences du monde. Tout autour d'elles, une idylle de maisons à colombages et de bien-être matériel. Le « modèle allemand » est une réalité palpable : le calme dans les ateliers, le ton qu'emploient les gens pour se parler, le grand chef – je n'en crois pas mes yeux – qui vient manger son assiette de *Gulasch* à la cantine à midi. Il salue ses salariés par leur prénom. Certains travaillent là depuis trois générations. Quand ils partent à la retraite, le chef en personne leur remet une montre et un gros bouquet de fleurs. Sur son bureau : les têtes blondes de ses petits-enfants dans des cadres en argent. Au mur : la photo sépia du grand-père. Le génial inventeur pose en blouse grise dans un atelier modeste. Voilà à quoi ressemblait l'entreprise au début du siècle dernier. Après la guerre, toutes ces petites entreprises furent portées par la vague puissante du miracle économique. Dans les années 1960, elles ouvrirent une filiale après l'autre à l'étranger. Le chiffre d'affaires gonflait d'année en année. Mais on restait en famille. Une entreprise, c'est le patriarche Miele qui trouva cette image, c'est comme un bon mariage, il vaut mieux être monogame. Pas de capitaux étrangers. Pas de cotation en Bourse. Pas même un petit flirt avec la New Economy.

Aujourd'hui les patrons de nombreux *Mittelständler* sont milliardaires. Mais ils ne sont pas flambeurs : pas d'écuries de voitures de sport. Pas de pirouettes mondaines. Ils vivent modestement. Leurs costumes sont un peu râpés. Ils viennent souvent à vélo au bureau, voyagent en deuxième classe. Ils épousent une fille de bonne famille, une secrétaire ou la téléphoniste de l'entreprise. Les épouses se passionnent pour les œuvres philanthropiques et les beaux-arts. Certaines reprennent les rênes de l'entreprise après la mort de leur mari. Parfois on ne connaît pas le visage des patrons tant ils ont fait vœu de discrétion. Pas d'histoires intimes dans les illustrés. Pas de vie privée étalée devant les salariés. «Il faut donner l'exemple», dit le chef. Et il désigne, accroché au-dessus de son bureau, un cadre en bois qui décline l'éthique de la maison : respect, fiabilité, engagement, loyauté, sens des responsabilités.

Je me sens toujours un peu humiliée lors de ces expéditions à la recherche du «modèle allemand». Ils ne sont pas marrants ! Non, vraiment pas cool ! Je me moque. C'est une façon de me consoler un peu. Le «modèle allemand» fait naître chez les Français, qui ne parviennent pas à endiguer les difficultés économiques de leur pays, des sentiments contradictoires : complexe d'infériorité, sentiment d'injustice, impuissance, envie, admiration béate.

Quand la Seconde Guerre mondiale fut au programme de mes cours d'histoire à l'école, ma grand-mère alsacienne sortit du tiroir de son secrétaire un paquet de photos en noir et blanc. Le Bade-Wurtemberg en 1945 : des pans de façades alignés comme les panneaux de carton d'un décor de théâtre près de s'effondrer. Elle passa le doigt sur les rues encombrées par les gravats, s'arrêta sur les monts de pierres en bordure des trottoirs et prononça d'un air sinistre : « Tu vois, c'était un pays cassé. » Quelques jours plus tard, nous partîmes faire une excursion dominicale de l'autre côté du Rhin. Assise au fond de la Peugeot familiale, je regardais le pays de cocagne qui défilait derrière la vitre en me demandant si je ne rêvais pas. Comment ces villes pimpantes et si riches que nous traversions avaient-elles pu pousser sur tant de désolation ? Comment ces PME conquérantes abreuvant de produits *made in Germany* les marchés du monde entier et dont j'apercevais le logo au sommet des immeubles avaient-elles pu naître dans ce pays décimé ? Nous, les Alsaciens, avions été aux premières loges. Nous avions assisté bouche bée au redressement spectaculaire de cette Allemagne réduite à un tas de ruines par les bombardements alliés. Le Strasbourg de mon enfance ressemblait à Cendrillon face à Kehl, Karlsruhe et Offenbourg juste en face. Assise à mes côtés sur le siège arrière de la voiture, ma grand-mère observait d'un œil sombre toute cette opulence sûre d'elle-même qui paradait sous nos yeux. « Regarde-moi ça, soupirait-elle. Ils ont perdu

la guerre et maintenant ils sont plus riches que nous. »
Et elle ajoutait en alsacien : « *Wie schaffen sie das ?* »
Comment font-ils donc ?

Schaffen est, pour la Française que je suis, le plus allemand des verbes. L'un des premiers que j'ai appris en écoutant les adultes autour de moi. Les Allemands avaient fait un miracle. Après la guerre ils avaient retroussé leurs manches et s'étaient mis au travail. Il y a comme un élan rédempteur dans ce verbe. Après tout ce qui nous est arrivé, ou plus précisément tout ce que nous avons occasionné de catastrophes, nous allons redresser notre pays. L'effort sans jouissance permettrait-il le rachat moral ? J'étais persuadée que les Allemands avaient un chromosome en plus. Le chromosome de l'effort, de l'ardeur au travail, d'une énergie inépuisable. Le *Schaffen*-chromosome. C'est à ce plus génétique que je pense encore aujourd'hui quand, dans l'Europe en pleine tempête, l'Allemagne se dresse là comme un rocher solitaire et inébranlable au milieu de la tourmente générale.

À chaque visite, pendant que je parcours les allées le long des chaînes de montage, le catalogue des prouesses de l'entreprise est déroulé devant moi : comptes équilibrés, records à l'exportation, carnets de commandes pleins à craquer, conquête du marché chinois, pas de récession à l'horizon. On me dit que le bien de l'entreprise mérite un petit sacrifice de temps en temps. En langage syndical, on appelle ça une *Nullrunde*, une tournée à vide. Pour préserver les emplois en période de crise et permettre à l'entreprise de se tirer d'une mauvaise passe, les syndicats acceptent un gel provisoire des salaires. Et il y a toujours un chef de conseil d'entreprise qui crâne : « Chez nous, madame, nous n'avons jamais eu de grève ! » Grève... un mot qui sonne dans sa bouche comme une obscénité. Il m'explique : « On ne fait pas grève n'importe comment chez nous ! » Et il récite la loi : les grèves politiques ou de solidarité sont illégales. Le droit de grève est strictement réglementé. C'est seulement quand les négociations des conventions d'entreprise ou de branche capotent que les syndicats peuvent songer à déclencher une petite grève d'avertissement. Mais pas question de sortir les gros canons dès le départ. Une partie des salariés seulement fait le piquet devant l'usine pendant quelques jours. Juste de quoi montrer aux patrons de quel bois les syndicalistes se chauffent. Un amuse-gueule, en quelque sorte. Pour déclencher la grève générale il faut l'accord de 75 % des syndiqués. Le comble : les grévistes sont payés grâce aux « réserves » prévues à cet effet par les syndicats. Alors quand, en 2015, année hors du commun, la Deutsche Post, la Deutsche Bahn (les chemins de fer), la Lufthansa, Amazon et les crèches publiques se mirent en grève, les plus pessimistes voyaient déjà la fin du « modèle allemand ». Pendant des semaines un petit syndicat paralysa les gares. Les voyageurs attendaient sur les quais des trains qui n'arrivaient qu'au compte-gouttes. On se serait cru en France.

Souvent, quand je rentre en France, ce sont des grévistes qui m'accueillent : les aiguilleurs du ciel, le personnel au sol, les éboueurs, les chauffeurs de taxi ou les enseignants…, il y en a toujours un qui fait grève. Parfois ils s'accouplent : les chauffeurs de taxi et les chauffeurs de bus. Les enseignants et le personnel hospitalier. La France est alors immobilisée comme si une méchante fée avait soudain plongé tous ses citoyens dans un sommeil centenaire. Récemment j'arrivai à Paris un jour de grève à la SNCF. Un train sur deux annulé. Je me retrouvai plantée avec ma valise sur le quai bondé de la gare de Lyon. «Perturbations», disait un panneau, comme une prévision météo annonce l'orage. J'étais la seule à râler. Les Français sont fatalistes. Ils attendent que ça passe. Mais surtout ils comprennent la colère des grévistes. Une troupe de syndicalistes traversa le hall. Ils agitaient un petit drapeau rouge révolution. Le train qui entrait en gare fut pris d'assaut. Je passai trois heures debout dans un couloir à regretter le «modèle allemand».

Mais avec la loi Travail 2016 renaissent les beaux jours de la lutte des classes en France et la consternation des conseils d'entreprise en Allemagne. Leurs chaînes de montage roulent paisiblement. Le soir, ils regardent les images venues de France à la télé. Ce qu'ils voient les panique. Une foule de manifestants sur les boulevards. Des rues dévastées : vitrines fracassées, abribus incendiés, poubelles en feu. Côté forces de l'ordre : gaz lacrymogènes, canons à eau, matraques et boucliers. Côté casseurs : cagoules noires et pavés. Les syndicalistes allemands sont tétanisés. Ça leur rappelle la guérilla de rue traditionnelle à Kreuzberg qui oppose des casseurs d'extrême gauche à la police le 1er Mai. Un cauchemar.

Parfois même les Français en viennent aux mains : les patrons sont séquestrés, bousculés. Les Allemands n'en croient pas leurs yeux quand ils voient la photo du chef du personnel d'Air France torse nu, la chemise déchirée, qui essaie d'escalader un grillage pour échapper à la foule des salariés en rage. Ils protestent contre le projet de restructuration de la compagnie aérienne qui prévoit la suppression d'emplois pour redresser sa compétitivité. Les syndicalistes allemands sont scandalisés : « Qu'on puisse en arriver là ! On n'a jamais vu ça chez nous ! » Je les soupçonne pourtant d'être aussi un peu attendris : ils savent y faire, ces Latins au sang chaud.

Pas d'Occupy Künzelsau. Pas de Nuit debout à Gütersloh. Je me demande ce que les Allemands pensent vraiment de toutes ces manifs, ces sit-in, ces places occupées. De cette façon qu'ont les Français de descendre en masse dans la rue pour dire leur colère. Des centaines de personnes se réunissent spontanément, sans chef, sans syndicat et sans règlement, autour de la monumentale statue de Marianne sur la place de la République. Au moins ça a de la gueule ! J'aimerais demander aux syndicalistes allemands qui se vantent de n'avoir jamais fait grève si, au fond d'eux-mêmes, ils ne sont pas un peu frustrés quand même de n'avoir jamais grimpé sur une barricade. Ne se sentent-ils pas légèrement inutiles ? Émasculés même ? Je crois qu'ils ne comprendraient pas vraiment ma question. «Nous n'avons jamais décapité notre roi, nous. Alors nous n'allons pas commencer à arracher la chemise de notre chef!»

Les mots inexportables

L a langue allemande fourmille de compositions raffinées de mots, d'astucieux échafaudages métaphoriques. Combien d'expressions décrivent les sentiments les plus complexes avec une précision et une simplicité intraduisibles dans une autre langue. Les mots inexportables en disent long sur la psyché d'un peuple.

Tout en haut du palmarès de mes mots allemands préférés, je place, sans hésiter une seule seconde : *Donnerwetter !*

Donnerwetter ! est une détonation, bien plus qu'une injonction. Un mot réversible comme un anorak que l'on peut porter à l'envers et à l'endroit. Côté pile : la consternation, la colère, la rage. Côté face : l'émerveillement, le ravissement, l'extase. Concilier deux émotions aussi contraires en un seul mot, c'est la première prouesse de *Donnerwetter !*

Pour moi, *Donnerwetter !* est un souvenir d'enfance. C'est sans doute pour cela que je l'aime autant. Ma grand-mère allemande, qui toute sa vie dans l'Alsace redevenue française en 1918 s'était donné un mal de chien pour cacher ses origines *boches*, laissait souvent échapper cette expression quand elle s'émerveillait. Je ne comprenais pas le sens de ce mot étranger, mais j'entendais parfaitement toute l'émotion qu'il charriait. *Donnerwetter!* glissait tout naturellement sur les lèvres de ma grand-mère quand elle était émue. Sans même qu'elle s'en rende compte, voilà qu'elle se remettait à parler la langue de son enfance. *Donnerwetter!* s'échappait de cette boîte noire profondément enfouie où elle avait soigneusement refoulé son identité allemande. Ma grand-mère n'y pouvait rien, *Donnerwetter!* était plus fort qu'elle. Comme quand, même après des années et des années d'exil berlinois, je lance un *merde!* retentissant au moment où le verre que j'ai lâché par mégarde se brise sur le carrelage de la cuisine. Jurer ou se réjouir dans sa langue maternelle est la seule façon de se soulager vraiment. Le dernier point de résistance avant l'assimilation totale. *Donnerwetter!* et *Merde!* sont des irréductibles.

La langue française ne propose que de pâles traductions au tonitruand *Donnerwetter!* «Merde!» n'est qu'un ridicule petit tas de lettres... Il n'a ni la grâce ni l'efficacité du *Donnerwetter!* «Sapristi!» est aussi désuet que *Donnerwetter!* mais beaucoup moins puissant, presque ridicule. Pas moyen de donner corps à la colère avec ce gringalet de «Sapristi!», tout piqué de *i* aigus. Alors que l'orage, le déchirement des éclairs, la foudre qui s'abat, les nuages qui roulent dans le ciel noir et les détonations assourdissantes du tonnerre, ce sont ces éléments-là qui se déchaînent quand on prononce *Donnerwetter!* On garde la bouche grande ouverte, on n'arrive plus à la fermer tant les roulements de rage ou d'émerveillement s'en échappent encore et encore. Les yeux sortent de leurs orbites. *Donnerwetter!* est un vrai feu d'artifice affectif.

Certes, je le concède, *Donnerwetter!* est un peu vieillot. Il sent l'époque wilhelminienne. Mais écoutez avec attention. À l'oreille, il a conservé une incroyable vigueur juvénile. Pas comme *Guter* ou *Grosser Gott!*, eux sont vraiment poussiéreux, tout juste bons à ranger au musée lexical. Et d'ailleurs, Dieu et diable ne terrorisent plus personne de nos jours en Occident. *Nom de Dieu! Um Gottes Willen! Teufel! Que diable! For God's sake!...* Commettre le parjure avec le nom de Dieu n'est plus un blasphème pour personne en ces temps impies.

Et, après tout, si vous insistez, si vous voulez vraiment être dans le coup, alors essayez donc le très moderne *Aber hallo!* Vous entendez le résultat? Quel manque de souffle et d'imagination! *Aber hallo!* n'impressionne personne. Il tombe, plouf!, comme un gros caillou qui n'arrive pas à faire des ricochets à la surface lisse du grand lac des émotions. Alors que *Donnerwetter!... Donnerwetter!* rebondit, roule et caracole. *Donnerwetter!* joue sur toute la gamme, de la colère à l'éblouissement. *Donnerwetter!* vous déchiquette le cœur.

Le sexe des feux de signalisation

Plusieurs villes allemandes se sont lancées dans un nouveau combat : remplacer les *Ampelmännchen*, ces petits hommes rouges ou verts sur les feux de signalisation lumineux aux passages piétons, par des *Ampelfrauen*, des figurines représentant des femmes. On s'interroge depuis toujours sur le sexe des anges. Voilà que se pose maintenant la question du sexe des villes. L'espace public, s'insurgent les féministes, est dominé par le masculin. Il faut donc y introduire l'égalité des sexes. Les Allemands ont le chic, me disais-je en découvrant cette initiative, pour s'enliser dans des débats sans issue.

Et c'est dès le nom de baptême que commencent les problèmes. Comment les appeler ? *Ampelfräulein* (demoiselle), *Ampelmädchen* (gamine) ? Tous ces diminutifs sentent la discrimination. *Ampelmadame* introduirait certes une touche de mondanité dans le triste langage du code de la route. Personne ne prendrait au sérieux une *Ampelmademoiselle*. *Ampelgirl* évoquerait tout de suite une rangée de *cheerleaders* américaines. Imaginez-les, alignées sur le trottoir, agitant leurs pompons, leurs fanions et leurs fesses, pour indiquer aux passants que la voie est libre. J'opterais plutôt ici pour la formule la plus sobre : *Ampelfrau* (femme).

Vient ensuite l'épineuse question de la garde-robe. Dans les villes où elles existent déjà, ces dames, symboles de l'émancipation urbaine, portent d'amples jupes à godets et... tenez-vous bien : une paire de tresses ! Elles ressemblent davantage à des Bécassine d'un autre âge qu'aux femmes émancipées d'aujourd'hui. Cherchez dans les rues des villes allemandes une femme – peu importe son âge ou son origine sociale – qui s'habille encore à la mode des années 1960. Sauf les nuits de carnaval en Rhénanie et dans les villages enclavés de province, vous n'en trouverez pas ! Quelle représentation rétrograde des femmes ! Entre Heidi dans ses alpages et le Petit Chaperon rouge dans sa forêt. Il ne lui manquerait plus qu'un tablier et un panier en osier. Il faut dire qu'il n'est pas facile de découper la silhouette typique d'une *Ampelfrau* contemporaine : coupe au carré, chignon, cheveux courts à la Jean Seberg ou rasés à la punk ? Tailleur-pantalon, jean, legging, minijupe ou minishort ? La question des talons est insoluble : talons plats, elle ressemble à un homme, alors à quoi bon changer le graphisme ? Talons hauts, elle ressemble à une poupée Barbie, l'emblème du sexisme.

Comment – la question vaut la peine d'être posée – différencier un homme d'une femme dans cette société androgyne ? Il y a longtemps que la dichotomie chapeau/pantalon et tresse/jupe n'est plus pertinente. La seule solution me semble résider dans le retour au degré zéro de la différenciation sexuelle : tout le monde tout nu et de profil. L'*Ampelmann*, le sexe en érection. Et l'*Ampelfrau* avec des seins pointus et des fesses rebondies. Là au moins aucune ambiguïté possible. Et pour que les passants voient bien la couleur du feu, on préférera aux corps anorexiques des top models d'aujourd'hui des formes plantureuses à la Rubens. Cette solution aurait d'ailleurs pour effet secondaire et bienvenu d'offrir aux passants quelques secondes de frisson érotique pendant qu'ils attendent sur le bord du trottoir que le feu passe au vert.

Au-delà de la question de principe se profile la question de fond, et c'est bien là que le bât blesse. La bataille sur le sexe des feux de signalisation va-t-elle faire progresser la cause des femmes ? Ça l'avance à quoi, la jeune mère allemande avec son enfant dans une poussette et sans place de *Kindergarten*, que ce soit une *Ampelfrau* qui l'autorise à traverser ? À force de s'enliser dans d'absurdes questions de principe, l'Allemagne a omis pendant des décennies de mettre en place des structures d'accueil pour les enfants. Si le pays est à la pointe de la parité linguistique, il est encore, malgré les efforts de ces dernières années, très en retard par rapport à ses voisins européens pour faciliter le travail féminin. À Berlin, nous sommes privilégiés. Mais quand on vit dans le Bade-Wurtemberg ou en Bavière, c'est beaucoup plus difficile. Entre le manque de structures d'accueil pour les tout-petits et l'opprobre lorsqu'une mère confie son enfant en bas âge à une institution publique pendant quelques heures de la journée, il y a de quoi en décourager plus d'une. C'est là que se trouve le vrai débat.

En outre, la polémique sur le sexe des *Ampel* a un train de retard. Je me permets de signaler que depuis belle lurette la distinction hommes/femmes n'est plus aussi simple que les législateurs des passages cloutés de ce pays voudraient le croire. Les choses sont beaucoup plus complexes dans le no man's land entre masculin et féminin. Comment intégrer la fluidité des *genders* dans le paysage de nos villes ? Quel règlement pour les feux de signalisation permettrait aux travestis, aux transsexuels, aux *genders* non clairement définis de traverser la rue en toute légitimité ? Voilà le prochain casse-tête antidiscrimination pour les urbanistes. À côté de l'*Ampelmann* et de l'*Ampelfrau*, il va falloir penser à mettre en place un *Ampelgender* neutre. Ils ont aussi droit à la reconnaissance, les êtres au sexe indéfini, ceux qui dans un corps d'homme se sentent l'âme d'une femme et vice versa. Comment éviter que les transgenres dont le sexe ressenti ne correspond pas à celui enregistré par l'état civil ne restent cloués sur le bord de la chaussée, fixant le feu dans lequel ils ne se reconnaissent pas ? La question de l'identité qui obsède les États-Unis n'a pas encore effleuré les mairies en Allemagne, pourtant très à cheval sur l'équité. Voici ma proposition pour les êtres au sexe ambigu : un phallus en érection *et* une paire de tresses. Une jupe à godets *et* un chapeau melon.

Mais pourquoi s'acharner à mener ce combat perdu d'avance ? Pourquoi se livrer une guerre des sexes aussi vaine alors qu'il serait si facile de résoudre le problème une fois pour toutes ? Remplacer *Ampelmann*, *Ampelfrau* et toutes les nuances entre les deux par un symbole neutre : une fleur, un oiseau, un logo géométrique ? Et voilà l'affaire réglée. Les Allemands sont passés maîtres, si je puis me permettre, dans l'art de pousser le dogmatisme jusque dans ses confins les plus grotesques. L'austère «*Walk. Don't walk*» des Américains n'a-t-il pas le mérite d'accommoder les sexes sous toutes leurs facettes ?

Une petite remarque encore. Elle me brûle les lèvres. Homme, femme, transgenre... Tous les étrangers vous diront qu'ils se foutent du sexe des feux. Non pas parce que nous sommes particulièrement sexistes ou gouvernés par des machos. Mais parce que si vous vous promenez à Paris, à Rome ou à Londres, à New York, à Tel-Aviv et, oui, même à Lausanne, sur le versant francophone de cette Suisse si semblable à l'Allemagne, personne n'attend sagement sur le trottoir que l'*Ampelmann* ou son épouse vous autorise à traverser. Il n'y a qu'en Allemagne que les piétons obéissants sont alignés comme les perles d'un collier sur le bord du trottoir. Même quand la rue est déserte et qu'aucune voiture ne s'approche à des kilomètres, ils attendent que le feu passe au vert. Partout ailleurs, on traverse au rouge, on slalome entre les voitures, on se jette dans le flot bouillonnant de la circulation et *Inch'Allah*!

L'érotisme de la verrue

*B*rustwarze. Traduisez littéralement « verrue mammaire ». De tous les mots de la langue allemande, celui-ci est pour moi le plus incompréhensible. Chaque fois qu'on le prononce devant moi, j'ai envie de hurler. Mais qu'est-ce qui vous prend de donner un nom aussi repoussant à l'une des parties les plus érotiques du corps féminin ! Seul un œil de myope peut confondre ces délicats objets du désir avec des papillomes viraux, des tumeurs cutanées bénignes, d'horribles excroissances. *Brustwarze* est un mot qui a de quoi couper l'appétit au plus affamé des nourrissons et au plus avide des amants.

Il y a pourtant tant de façons raffinées de les décrire, ces pointes pigmentées des seins. La langue française les caresse de noms autrement engageants : fraises ou cerises, auréoles nacrées, aréoles divines offertes aux amoureux, boutons de rose impatients d'éclore. Mon préféré : faons jumeaux parcourant la plaine. Ces deux jeunes chevreuils trottinant côte à côte sur l'étendue soyeuse de la peau font davantage rêver qu'une paire de furoncles, vous ne trouvez pas ? J'aime aussi le « *dear little nipples like rabbit noses* » trouvé par John Updike. Les becs du sein du portugais. Les citrons de l'hébreu. Même l'argot est plus approprié : tous ces lolos, nénés, nichons, roberts, rotoplots, suces, tétines... Pas tous du meilleur goût, mais sexuellement plus compatibles que *Brustwarze*.

Je me suis si souvent demandé ce que deviendrait la « Chanson d'amour » de Ronsard si l'on remplaçait le joli mot *téton* par l'horrible *Brustwarze* :

« Quand je vois dans un jardin
Au matin
S'éclore une fleur nouvelle,
Je compare le bouton
Au téton
De son beau sein qui pommelle. »

Et comment un seul mot transformerait le premier flirt de Maurice Chevalier en cauchemar :

« Elle avait de tout petits petons, Valentine, Valentine
Elle avait de tout petits tétons
Que je tâtais à tâtons
Tonton tontaine. »

Et encore ce « Blason du beau tétin » de Clément Marot quand il décrit le sein désiré :

« Mais petite boule d'ivoire
Au milieu duquel est assise
Une fraise ou une cerise. »

Il est si facile de tirer les conclusions qui s'imposent : les Allemands ne sont pas des virtuoses du jeu amoureux. Ils prennent le lexique érotique pour un traité de dermatologie. Ce fut, je vous l'avoue, mon premier réflexe quand je suis tombée sur ce mot si laid. Et puis, au fil des années, alors que cette langue me devenait familière et que je commençais à en savourer la matière, j'ai regardé les *Brustwarzen* de plus près. Tout observateur honnête est bien obligé de reconnaître que le mot allemand décrit bien mieux la réalité que toutes ces circonlocutions poétiques auxquelles a recours le français. C'est vrai, les bouts de seins ressemblent davantage à deux verrues protubérantes qu'à deux faons galopant à travers la plaine et autres absurdes boutons de rose impatients d'éclore.

Une langue est une bâtisse aux charpentes complexes. Les mots sont soutenus par des cousinages bizarres, des associations qui sont loin de sauter aux yeux de chacun. La langue allemande a le courage de voir la réalité en face. Elle est concrète là où le français est abstrait. Elle est plastique là où le français est vaporeux. Elle est charnelle là où le français est prude. Elle décrit sans rougir ce qu'elle voit, tandis que le français tourne autour du pot, qu'il enjolive ou sublime à coups de métaphores précieuses. Avec l'allemand, on voit bien ce que ça veut dire. C'est particulièrement vrai quand il s'agit des choses du corps.

Prenez le si beau mot *Mutterkuchen*, ce gâteau que la mère confectionne au fond de ses entrailles pour nourrir son enfant. Pas besoin d'expliquer à quoi il sert, ni même à quoi il ressemble. *Mutterkuchen* a une puissance évocatrice tout autre que l'aseptique «placenta» que le français emprunte au latin. «Placenta» ne parle qu'aux érudits qui n'aiment pas se frotter à la réalité des corps. Eux seuls savent remonter le ruisseau étymologique jusqu'à sa source: *placenta* veut dire «gâteau» en latin. Alors pourquoi ne pas employer sa traduction française? Croyez-vous que la parturiente (en voilà encore un bel exemple, en allemand on l'appelle *Wöchnerin*, «semainière», qui veut tout dire: une femme qui vient d'avoir un enfant se ménage pendant quelques jours, une semaine au moins), croyez-vous donc que la parturiente voie un placenta quand la sage-femme triomphale brandit sous ses yeux un morceau de viande sombre et charnu, tel le boucher lorsqu'il soulève une généreuse tranche de foie de veau avant de vous l'emballer dans du papier? Oui, c'est bien un *Mutterkuchen* qu'on lui présente là.

Ou encore *Blinddarm* (l'intestin aveugle), ce cul-de-sac de l'appareil digestif où sont jetées en vrac les coquilles d'œuf. C'est ce qu'on me racontait quand j'étais petite et que je mangeais trop goulûment mon œuf à la coque sans prendre soin d'extraire les éclats non comestibles de la masse gluante du blanc. *Blinddarm* explique tellement mieux sa fonction que le *cæcum* latin, avec son *e* qui s'emberlificote dans le *a*, qu'emploie le français. Et quelle merveille que ce *Wurmfortsatz* (extension du ver) que le français appelle « appendice », précisant qu'il s'agit d'un diverticule creux appendu à la surface du cæcum. C'est son inflammation qui nécessite l'ablation que la plupart des Français de ma génération ont subie.

« Attention ! » s'écria le médecin de famille en me regardant droit dans les yeux. J'étais assise à côté de ma mère devant son bureau, pliée en deux par un mal de ventre inexplicable. « Attention, si nous n'opérons pas tout de suite, tu risques la péritonite ! » Ce mot pointu venu d'ailleurs me terrorisa. Mes douleurs redoublèrent rien qu'à l'entendre. Et je suis certaine aujourd'hui qu'un médecin allemand aurait réussi à me rassurer. Il m'aurait expliqué qu'on allait, à l'hôpital, débarrasser mon estomac d'un *Wurmfortsatz*, un ver malfaisant de dix centimètres de long. Que c'était lui qui me faisait souffrir. Qu'il n'y aurait ainsi aucun risque de *Bauchfellentzündung*, littéralement d'infection du fourrage du ventre. Auraient défilé sous mes yeux le protagoniste et le décor de ce petit théâtre intérieur : un gros ver méchant menaçant d'attaquer la couette qui habille les murs de mon ventre. Je serais allée plus joyeuse au bistouri. Mais le médecin se tourna vers ma mère et lui expliqua que l'appendice est un diverticule creux appendu à la surface médiane du cæcum. Il est vascularisé par l'artère appendiculaire, provenant de l'artère iléo-bicæco-appendiculo-colique, et suit le bord libre du mésocôlon. Ma mère, très pâle, me serrait la main. Ça lui faisait une belle jambe, une définition pareille. Le ventre de sa fille allait être ouvert au scalpel. Son enfant risquait la mort. Nous étions aussi pétrifiées l'une que l'autre. Deux analphabètes face à un mur de mots indéchiffrables. Alors qu'avec *Wurmfortsatz* et *Blinddarm* il n'y aurait pas eu besoin de nous faire un dessin. Le français semble avoir oublié que la langue se doit d'avoir deux versants : celui, technique, pour les spécialistes, et celui, imagé, pour le reste des mortels. Il ne serait pas venu à l'idée de notre médecin de se mettre à notre niveau. Je crois que je lui en veux encore aujourd'hui.

Et ces *Sitzbeinhöcker* (tabouret des os sur lesquels on s'assied), les extrémités saillantes du bassin qui forment le socle sur lequel nous nous reposons quand nous sommes assis. Un vrai petit strapontin comme ceux des théâtres. On le porte toujours sur soi et on le déploie quand on en a besoin. Si pratique. Si simple. Si parfait. Pourquoi le français n'y a-t-il pas pensé ? Pourquoi compliquer les choses et faire de la pointe des fesses des tubérosités ischiatiques ? Dans mon pays, les cours de yoga ressemblent à des exposés d'anatomie : « En inspirant, revenez sur vos tubérosités ischiatiques, redressez votre colonne vertébrale, soulevez votre sternum [le merveilleux *Brustbein* (la jambe de la poitrine), un os plat comme une jambe auquel sont attachées les côtes] et dirigez le regard légèrement vers le haut. Respirez profondément. » Quand j'entends la voix cotonneuse qui murmure

« Détendez-vous », je suis encore en train d'essayer d'identifier les parties de mon corps pour les mettre dans la position requise.

J'aime aussi les *Schamlippen*, les « lèvres de la pudeur », petites et grandes, qui, avant que l'épilation intime ne vienne les exposer aux yeux de tous, se cachaient toutes rougissantes dans le fouillis des *Schamhaaren*, la « chevelure de la pudeur », dit l'allemand, là où le français, si dénué d'imagination, parle de poils pubiens. Pudiques, les *Schamlippen* n'osaient pas se montrer. Et le *Damm*, ce grand barrage du bas du corps. Impossible de mieux décrire cet ensemble de muscles destinés à soutenir les organes. On voit une large vasque où baignent vessie, intestins, utérus, lymphe, liqueurs et humeurs, et un barrage étanche qui les empêche de glisser et de se répandre en cascade sur le plancher. Beaucoup mieux que « périnée », qui n'évoque pour moi que le *Gaffiot*, le dictionnaire latin-français. Il sent la poussière et la sueur. Il a fait souffrir des générations de lycéens français.

Qui n'a pas fait de latin est perdu, il faut ouvrir son *Gaffiot* pour retrouver les fondations profondément enfouies de la langue française. En allemand en revanche, les mots se dessinent facilement sous vos yeux. On voit les parties du corps et ce à quoi elles servent. Tout le monde pige immédiatement. *Scheide* (fourreau), une évocation tellement plus chevaleresque que le vagin clinique du français. Tout de suite on imagine d'Artagnan dressé sur le matelas nuptial en train d'enfoncer son épée dans un fourreau tout doux fait sur mesure. L'argot a bien essayé d'imiter l'allemand. Il parle du fourreau à clarinette. Mais entre une arme tranchante et un instrument à vent... D'autant que *vagina* veut dire «gaine» en latin. Mais là encore le français n'a pas osé recourir à une illustration aussi fidèle. Gêné, il a préféré jeter le voile d'une langue morte sur les organes sexuels.

C'est peut-être pour se libérer du vocabulaire de l'obstétrique que les Français se sont inventé une langue parallèle, une collection impressionnante de petits noms pour désigner le sexe féminin, empruntés à différents registres : le monde animal (chatte, minou, minette, terrier rose), les fruits (figue, abricot, prune), la géographie (riant bocage, vallon, mont fendu, buisson ardent, ravin du plaisir, triangle des Bermudes, amoureux ruisseau [Ronsard] et forêt en hiver [Apollinaire]). Ils s'inspirent aussi de l'univers religieux (bénitier, terre promise, autel velu, crèche du petit Jésus, temple d'amour), militaire (corridor des braves), de l'architecture (rez-de-chaussée, cheminée d'amour, garage à bites, salle des fêtes, serrure, petit intérieur [Boris Vian]). Ils se hasardent même à des orientalismes (lampe merveilleuse).

La façon dont un peuple façonne les mots en dit long sur son rapport à la vie... et à la mort. Ce sont les faire-part de décès qui m'ont mis la puce à l'oreille. En Allemagne, la mort est révélée sans fioritures : «Helmut Schmidt est mort», annonçaient les médias en louant les mérites de l'ancien chancelier. Un message qui contient tout : le choc, la certitude du non-retour. Il est impossible de dire la mort d'une façon aussi directe en France. Ce serait un terrible faux pas. Le verbe mourir est trop brutal. Il faut à tout prix le contourner. Regardez donc comme le français se contorsionne : « Michel Rocard est décédé », « Il a disparu ». « Il a rejoint son étoile », ai-je même lu récemment. Quand j'étais enfant et qu'on m'annonçait la mort d'un parent lointain en m'expliquant, pour ne pas me faire peur, qu'il était parti, je ne comprenais pas et j'attendais son retour imminent. J'imaginais l'oncle Louis avec sa casquette, un sifflement joyeux sur les lèvres, au volant de sa Citroën, les valises ficelées sur le toit, partant vers le Sud ensoleillé. Le jour où j'ai enfin compris la destination de ce voyage mystérieux, j'étais furieuse. Les adultes s'étaient moqués de moi. L'oncle Louis n'était pas en train de parcourir les routes de France : il s'était fait bouffer par les vers au creux de sa tombe.

Mit Niveau

« *Da hört der Spass auf!* » (Fini de rigoler maintenant !) La remontrance s'abat comme un coup de poing dans le ventre et me coupe net le souffle. La voix qui la prononce est glaciale, catégorique, elle ne souffre aucune réplique, pas même un minuscule gloussement, un ultime hoquet étouffé.

Je suis d'accord : il y a des limites à ne pas dépasser.

Mais la plupart du temps, cette injonction vous tombe dessus sans même que l'on sache pourquoi. On rit, on fait des blagues un peu vaseuses. Rien de grave. Et tout à coup cette phrase : « *Da hört der Spass auf!* » Celui qui la prononce se permet de tracer une frontière aussi stricte qu'aléatoire. Il connaît les limites du mauvais goût et a besoin de le faire savoir à la ronde. Nous sommes allés trop loin. Sans même nous en rendre compte. Terminés, les blagues et les rires !

Je ne connais aucun autre pays où la frontière entre le grave et le léger est aussi étanche. Les Allemands rangent la culture en deux catégories : la E comme «*Ernst*» («sérieuse») et la U comme «*Unterhaltsam*» («divertissante»). Tout est soigneusement classé : le précieux et le trivial, le grave et le léger. E et U forment des couples surprenants : Karajan et fanfare bavaroise, leçons de piano et jeux vidéo, *Frankfurter Allgemeine Zeitung* et *Bild Zeitung*. Mais ces partenaires n'ont-ils vraiment rien à se dire ? Comme si E ne s'encanaillait jamais avec U. Comme si U ne flirtait pas parfois avec E.

Prenez mon couple préféré : Mozart et Charles Aznavour... Je suis presque sûre que les Allemands se mettent automatiquement à se moquer d'Aznavour et à défendre Mozart. Pauvre Mozart, être étiqueté E, lui qui est pourtant si léger et tellement U ! Je suis persuadée qu'il n'aurait pas apprécié. Et qui classe Aznavour en U n'a rien compris à la gravité de la nostalgie amoureuse. Heureusement que les parois sont poreuses entre U et E. Quoi qu'en disent les classificateurs professionnels, le monde n'est pas fade au point de pouvoir être proprement rangé dans deux tiroirs.

Mais n'est-ce pas rassurant de pouvoir ainsi classer les choses de façon systématique ? Dans le tiroir du haut, on fourre tout ce qui est *mit Niveau* («avec niveau»). Encore une formulation magique à l'allemande ! Si vous voulez faire la promotion d'un produit, que les portes s'ouvrent toutes grandes sur votre passage, vous n'avez qu'à dire : *mit Niveau*. Ses origines françaises donnent à cette expression une ultime touche de distinction.

En Allemagne, tout, mais vraiment tout, peut être surclassé grâce à la formule *mit Niveau*. Il y a un hip-hop *mit Niveau*, des scènes de ménage *mit Niveau* et même des blagues *mit Niveau* (qui ont la particularité de ne faire rire personne). Il y a même l'adultère *mit Niveau* (la noblesse de la formule permet à l'infidèle de rentrer chez lui la conscience tranquille). Dans *Blitz*, un journal local du Brandebourg, je suis tombée sur une petite annonce. Une entreprise de pompes funèbres proposait « des mots *mit Niveau* lors de la cérémonie funéraire ». En Westphalie, j'ai découvert un atelier de carrosserie et peinture *mit Niveau*, et à Munich, un peep-show *mit Niveau*.

« Au niveau de... » était un tic de langage très répandu en France dans les années 1980. J'étais étudiante et je passais mes journées à peiner sur les textes du E-philosophe Derrida. « Au niveau de... » conférait à mes raisonnements confus un semblant d'éclat intellectuel. Dans mes dissertations, je me servais de cette formule à tout bout de champ. Notre professeur de littérature française était exaspéré : « On dirait un liftier qui annonce les rayons à chaque étage d'un grand magasin à l'ancienne. Premier niveau : jupes et Deleuze ! Second niveau : appareils électroménagers et Derrida ! »

Mais le plus beau *mit Niveau* figure sur la page web du site de rencontre ElitePartner qui s'engage à vous trouver un partenaire *mit Niveau* : « Mme ..., professeure *mit Niveau*, cherche homme au même étage qu'elle. » Ce qui signifie : il l'aide à mettre son manteau et ose même un baisemain, on écoute l'oratorio de Noël main dans la main avant de partir faire ensemble un voyage d'étude dans les villas de Palladio. *Mit Niveau* protège de la dégringolade sociale et garantit une certaine symétrie. Aucune chance pour une professeure d'histoire de l'art, spécialité le Quattrocento florentin, de tomber amoureuse d'un mécanicien, spécialité les systèmes d'engrenage !

Le « niveau » est d'usage plus modeste dans mon pays. Il est l'instrument de mesure de prédilection de l'Éducation nationale française. Le « niveau » est mesuré à coups de notes et de moyennes, de courbes et de graphiques. Les résultats du bac d'un établissement déterminent son « niveau ». D'ailleurs, dans nombre de bulletins, depuis des générations, l'élève appliqué découvre à côté de ses notes, fort honorables, ce commentaire : « A le niveau, mais pourrait mieux faire. » Au lieu de reconnaître les efforts accomplis, le prof indique tout le chemin qui reste à faire pour arriver aux étages supérieurs. Je rêve d'un « Bravo, c'est bien, tu t'es tellement amélioré depuis la dernière fois ! » ou d'un : « Tes efforts ont porté leurs fruits. Je suis fier de toi ! »

Dans les familles bourgeoises, on interdisait aux enfants de ma génération de lire des bandes dessinées... Seuls les classiques étaient de « vrais livres ». Les parents redoutaient toujours un « nivellement » par le bas : trop de U, pas assez de E. Que la bande dessinée soit la petite porte d'accès à la littérature, qu'en entrant par le U on puisse trouver un chemin pour se faufiler vers le E, les adultes ne le voyaient pas. Résultat : nous glissions U sous nos draps et laissions E sur la table de nuit. Combien de BD ont été dévorées à la lumière d'une lampe de poche ! Les chemins sauvages de la *U-Kultur* ne sont-ils pas plus excitants que les allées bien tracées de la *E-Kultur* ? Car c'est justement là, dans la pénombre sous les draps, que commence le vrai plaisir.

Qu'est-ce que c'est que ça ?

Mais qu'est-ce que c'est que ça ? se demandent les Français quand ils entrent dans une cuisine allemande. À côté de l'évier sont empilées une dizaine de petites planches en bois.

Le *Brettchen* est une icône de la vie domestique allemande. La planche en bois remplace l'assiette pour le repas du soir. Celui qui l'utilise dévoile sa vraie nature : chez nous on aime la simplicité. Pas de chichis, les coudes sur la table. Le *Brettchen* est pratique : il évite de salir une assiette et de rayer la porcelaine fine en coupant son morceau de fromage. En plus il est une source de créativité sans fin. La planche en bois est un petit établi et les dîneurs se transforment en menuisiers. L'un scie son bout de saucisson, l'autre rabote son fromage, cisèle un concombre et hache menu les petits oignons. Autour de la table, chacun compose sa tartine et bricole un petit chef-d'œuvre.

À Bottrop se trouve le musée allemand de la planche en bois. Non, je n'invente rien. Des dynasties entières de *Brettchen* y sont exposées : planches en Résopal façon *seventies*. Avec le temps, le Résopal devient jaunâtre et légèrement bombé à cause de l'eau trop chaude du lave-vaisselle. Sa surface est veinée par les sillons des coups de couteau. Il y a des planches avec un décor champêtre, avec Donald Duck, des dinosaures, des églantines, des clowns et des ballons, avec des montres et même des tables de calcul.

J'ai toujours trouvé bizarre que les Allemands pique-niquent le soir dans leur cuisine. De notre côté du Rhin, on sort le salami et les concombres de son sac à dos quand on fait une pause lors d'une randonnée en montagne. Le reste du temps, on mange « chaud ». C'est l'adjectif qu'utilisent les Français pour désigner un vrai repas.

Le froid contre le chaud? C'est un combat que je connais depuis mon enfance. Quand ma mère n'avait pas envie de faire la cuisine deux fois par jour, elle hissait le drapeau blanc. La cuisine capitulait. Nous cherchions du pain et du fromage, quelques tomates et de la charcuterie. Pour le dessert il y avait des fruits. Nous pique-niquions autour de la table de la salle à manger recouverte d'une nappe soigneusement repassée. Bien entendu, chacun avait une assiette en porcelaine, des couverts et une serviette en tissu. Pas question de se laisser aller à l'allemande. Jamais un *Brettchen* ne franchit le seuil de la salle à manger.

Les planches en bois restaient à la cuisine et servaient à émincer les oignons et l'ail. Ma mère appelait cet étrange dîner un «repas suisse». Pour nous c'était une punition. Nous allions nous coucher la faim au ventre. Pour elle c'était une libération. Elle retournait ravie au gros roman qu'elle avait abandonné pour aller nourrir ses enfants.

Des années plus tard, le «repas suisse» réapparut dans ma vie. Cette fois-ci c'était en Allemagne, lors d'une réunion de parents d'élèves à l'école primaire de mes enfants. Nous, les parents, étions assis en rond, le menton sur les genoux, sur les petites chaises de la salle de classe. L'institutrice venait de présenter le programme des prochaines semaines : soustraction, grammaire, gymnastique au sol. Est-ce qu'il y a des questions ?

À l'époque il n'y avait pas de cantine dans les écoles berlinoises. Les Allemands s'émerveillaient : en France, chaque enfant a droit à un menu entrée, plat de résistance, dessert à midi, et ce depuis des générations.

Alors je levai le doigt : «Et qu'est-ce qui est prévu pour le déjeuner ?»

«Le déjeuner ?» L'institutrice était perplexe. Elle répéta ma question pour être sûre d'avoir bien compris.

Frau Schultz, la mère de Marvin, intervint. Elle était assise à califourchon sur la chaise de son fils : «Mais les enfants ont leurs tartines !»

J'imaginai Frau Schultz en peignoir de bain et pantoufles, coupant les cornichons et le fromage sur une *Brettchen* pour la tartine de pain noir de Marvin. Un abîme se creusa entre nous.

Le *Brettchen* me poursuivit quand mon fils aîné entra dans un lycée franco-allemand. Cette fois, les chaises étaient à notre taille. Mais nous ne réussîmes pas à combler l'abîme. D'un côté de la salle de cours étaient assis les parents français, de l'autre les allemands. Le prof de maths, un Allemand, nous dévoila l'emploi du temps : deux heures de bio, deux heures d'anglais, deux heures d'histoire, deux heures de français et pour finir une heure de maths. « Et le déjeuner ? » l'interrompit un père français. « Oui, le déjeuner. Quand est-ce que nos ados vont manger quelque chose ? »

Le prof de maths s'expliqua : la composition de l'emploi du temps est un exercice hautement complexe et « les mathématiques » une matière importante. En outre, l'année prochaine, vos enfants passent le bac. Ils n'ont pas le temps de déjeuner. Qu'ils apportent un casse-croûte.

« Et qu'ils volent trois minutes entre deux cours pour le manger debout dans le couloir ! répliqua le Français, furieux.

– Je ne vois aucune autre solution, monsieur. Ou peut-être souhaitez-vous que votre fils soit dispensé de mathématiques pour qu'il puisse savourer tranquillement son repas de midi ? » Hochements de tête approbateurs sur le versant allemand de l'abîme.

Le père se leva d'un bond. « Le repas de midi, Herr Müller, est plus important que les mathématiques ! » Applaudissements versant français.

Quel soulagement quand mon fils cadet décida de s'inscrire au lycée français de Berlin. Chaque jour, trois quarts d'heure de pause déjeuner. Une cantine au rez-de-chaussée. Des parents satisfaits. Des enfants repus. Chaque lundi, le menu bilingue de la semaine m'arrivait en pièce jointe par mail, révélant les vieilles différences culturelles.

Lundi. En allemand : pudding au chocolat avec sauce. En français : *pudding et coulis. Coulis* ? Voilà comment une cantine scolaire se transforme en restaurant gastronomique.

Mardi : soupe aux lentilles. Cette grosse bouillie grise est un plat typique dans les cantines d'entreprise. Sur le menu en français : *potée de lentilles*. Et déjà tout le lycée sent le thym, la marjolaine, l'été et la Provence. Je commençais à me décontracter, à admirer la capacité de nos deux langues à se refléter l'une dans l'autre ; à faire l'éloge de leur astucieuse complémentarité, quand tout à coup, le nom allemand du dessert du mercredi me fit sursauter : *Wackelpudding*, pudding tremblant. Pudding avec la danse de Saint-Guy ? Pudding Parkinson ? Les traducteurs s'étaient autorisés à sauter l'obstacle. *Pudding*, avaient-ils écrit tout simplement sur le menu français.

Vendredi : pudding avec *Klecks. Klecks*, ça sonne comme un hoquet. Quelle est la différence entre une sauce, un *Klecks* et un coulis ? Et surtout, comment traduire *Klecks* en français ? Ce mot-là montre combien l'allemand est une langue concrète et drôle. *Klecks* vous offre un petit film décrivant parfaitement l'action qui se déroule derrière le comptoir de la cantine : la serveuse saisit son énorme louche. Elle lève le bras et laisse tomber une masse non identifiable qui se fracasse sur la surface lisse du pudding. *Klecks !* On voit les yeux ravis des enfants dans la file d'attente. Pas besoin de traduction. Pour comprendre certains mots, il suffit de tendre l'oreille.

Je me dis souvent qu'un pays qui respecte les heures de repas ne peut pas aller si mal que ça. La crise que traverse la France n'est peut-être pas si grave. Même si les Français restent au bureau à midi et avalent une salade dans une barquette en plastique, le déjeuner demeure une institution. C'est là que se délient les langues et que se concluent les affaires.

J'ai fait l'expérience inverse en Allemagne. Je propose souvent un déjeuner à une personne que je suis venue interviewer. Mais le plus souvent, les Allemands déclinent et l'entretien se déroule dans leur bureau devant un verre d'eau. « Comme ça, on perdra moins de temps », dit mon interlocuteur en me désignant une chaise. Et il s'étonne : « Un vrai repas avec du vin et un double espresso... Comment les Français font-ils pour retourner travailler après ça ? » Mais il y a aussi des exceptions. Un dirigeant social-démocrate accepta un jour mon invitation. Nous nous retrouvâmes dans un restaurant italien à

Bonn. À peine avions-nous passé notre commande qu'il commença à parler. Pendant une heure entière je pris des notes à toute allure, sans même avoir une seconde pour toucher à mon plat de pâtes. En rentrant chez moi, je dévorai une tartine sur une *Brettchen*.

Mauvais souvenirs

En France, la Seconde Guerre mondiale hurle chaque premier mercredi du mois à midi tapant. Deux cycles d'une minute chacun. Les sirènes de toutes les communes effectuent ce jour-là un test de routine. Il y a si longtemps qu'elles n'annoncent plus les bombardements aériens des Allemands. Aujourd'hui les dangers imminents sont autres : inondation, incendie, explosion dans une usine, fuite dans un barrage, attentat terroriste. Le Réseau national d'alerte est un héritage de la guerre, un de ces mauvais souvenirs qu'on préférerait oublier.

À l'époque, le danger venait de l'Est. C'est pourquoi, en Alsace, les sirènes sont particulièrement consciencieuses. Quand j'étais enfant, cette longue plainte interrompait le repas de midi. Mes parents et mes grands-parents se raidissaient sur leur chaise comme si un fantôme avait passé la tête par la porte. La conversation restait en suspens. Nous attendions que la menace passe. Puis les enfants posaient des questions : « Comment c'était pendant la guerre ? Raconte, raconte encore ! » Mon père nous décrivait les longues heures dans la cave à Tours, où il vivait alors. Les murs tremblaient. Les gens de l'immeuble étaient blottis dans l'obscurité. Ils essayaient d'occuper les enfants en jouant aux cartes. La gare était au bout de la rue. Une cible privilégiée. On épiait les bruits au-dessus des têtes. Dehors, le fracas des explosions. Le ciel illuminé. Mon père racontait : « Nous essayions de repérer les endroits où étaient tombées les bombes. Nous attendions le silence et la fin de l'alerte. Et le choc en sortant de la cave : toute la rue Michelet détruite ! Toute la rue, sauf notre immeuble. Tu imagines la chance que nous avons eue ! »

J'adorais ces aventures qui donnaient un peu de suspense aux sages célébrations de la réconciliation franco-allemande. Plus que l'obligatoire monument aux morts, le cimetière militaire, les plaques commémoratives ou le discours du président le 8 Mai, c'est la sirène qui gémit le premier mercredi du mois qui rend la guerre soudain toute proche.

Nous croyons vivre ici et maintenant. Les pieds solidement campés dans le monde autour de nous. Le passé, c'est le passé. Mais comme nous nous trompons ! Les Allemands non plus ne se sont pas débarrassés de la guerre. Ils ne se doutent pas de ce qui se trame sous leurs zones piétonnes, leurs parcs, leurs plates-bandes de bégonias au printemps, sous la pelouse de leurs jardins et les rues de leurs villes densément peuplées. Jusqu'à ce que par hasard, à l'occasion de travaux de voirie ou d'un chantier, les dents d'une pelleteuse mordent soudain dans un objet. Non, ce n'est pas un fragment de poterie, un tas d'ossements, un vieux buste d'Hitler enterré à la hâte. Le conducteur de la pelleteuse descend de sa cabine et découvre un gros tubercule rouillé recouvert de terre. C'est une bombe non explosée. Elle sommeille depuis plus de soixante-dix ans. Mais surtout : elle n'a toujours pas accompli sa mission. Après la guerre on était si pressé... Tant de monde à reloger. Tout à rebâtir. Les communes ne prirent pas le temps de fouiller et de nettoyer systématiquement le sol des villes bombardées. On se dépêcha de reconstruire. Un nouvel immeuble, une nouvelle route, un nouveau parc..., il fallait oublier la guerre.

À Berlin, Hambourg, Cologne, Kassel, Mayence et dans les régions industrielles de la Ruhr et du Rhin, les bombardiers britanniques et américains larguèrent 1,4 million de tonnes de bombes. Une fois leur devoir accompli, les pilotes alliés rentrèrent chez eux. Mais cette bombe-là est restée en rade. Elle n'a pas explosé. Parce que le sol était trop meuble à cet endroit ? À cause d'un défaut technique ? La détonation avait dû être retardée de quelques jours pour attendre que la population civile ressorte des bunkers et des caves.

Mais le mécanisme de l'engin n'a pas fonctionné pendant des décennies. Et personne ne sait quand cette bombe explosera.

Aujourd'hui encore, le sol est truffé de bombes et la vie continue. Parfois l'une d'elles explose et fait des morts. Régulièrement la circulation est déviée, des quartiers entiers sont évacués, des dizaines de milliers de riverains doivent quitter leur appartement jusqu'à ce que le danger soit écarté. Les démineurs accourent pour désamorcer la bombe. S'ils n'y parviennent pas, ils la font exploser. Tout le quartier retient alors son souffle. Les vitres volent en éclats. L'intruse laisse un cratère dans le sol. Les habitants ont eu une trouille bleue. Ils n'osent imaginer tout ce qui aurait pu arriver.

Les bombes non explosées deviennent plus dangereuses d'année en année, mais personne ne semble s'en inquiéter. Je me demande ce qui se cache sous l'auto-école, le supermarché, le coiffeur de mon quartier. Des strates d'histoire sont empilées les unes sur les autres. Nous vivons sur la membrane supérieure, si fine. Quels dangers mortels nous menacent sous terre, à quelques mètres seulement de nous? Il n'y a que les paranoïaques pour soupçonner une telle menace dans un décor aussi ordinaire.

Parfois les ouvriers d'un chantier découvrent les ossements de soldats et de civils. Là où on s'y attend le moins : sous une aire de stationnement, sous le guéridon d'un parc, près d'une voie ferrée. S'ils ne portent pas leur plaque d'identification, les squelettes ne peuvent être identifiés. On rassemble les os pour les déposer dans des petits cercueils. Ils sont de nouveau mis en terre – selon les règles cette fois –, dans un cimetière de regroupement. Les bombes ne meurent pas d'épuisement. Elles restent actives. Elles finiront par exploser un jour au milieu de nos vies. Il faudra plusieurs générations pour les éliminer toutes. Seules les cartes aériennes rangées dans les archives militaires des Alliés permettent de les localiser. Quand nos parents et nos grands-parents ne seront plus là, les bombes et les sirènes du mercredi seront les derniers témoins de la guerre.

Le château botoxé

« Surtout ne parlez pas du château ! » Ce n'est pas la première fois que mon hôte me met en garde avant de passer à table. Le château explose comme un pétard au milieu d'une conversation courtoise. Une garantie que la soirée va mal se terminer. On va se déchirer entre le gigot d'agneau et la compote de cerises.

Il y aura le camp des enthousiastes : ils veulent restituer à leur capitale l'élément-clé de son centre historique, lui rendre sa beauté passée. Et celui des exaspérés : ils dénoncent cette nostalgie de la monarchie et l'absurdité de ce faux hors de prix tout juste bon à berner les touristes. Après la compote de cerises, chacun rentrera chez soi la colère au creux du ventre. Dans ces conditions-là, ne vaut-il pas mieux éviter le sujet ?

Étrange interdiction pourtant : pour nous les étrangers, la reconstruction du château de la famille royale de Prusse, le Stadtschloss, au bout d'Unter den Linden, est tellement emblématique du rapport tordu des Allemands à leur histoire.

En rentrant un jour en voiture de Prenzlauer Berg tard dans la soirée, la tête ailleurs, un air de jazz morose à la radio, je poussai un cri. Berlin est en mue permanente : pas un lieu qui, d'une semaine à l'autre, ne se métamorphose au point de devenir méconnaissable. Je n'étais pas passée dans ce coin-là depuis quelques mois. Et soudain, dans la pénombre, une masse haute et grise jaillit. Un mur de béton brut, percé de fenêtres. L'ombre bombée d'une coupole. Je laissai échapper le mot interdit : le château !

À force de ne pas avoir le droit d'en parler, j'avais fini par croire qu'il n'existait pas. Le château ? Un sujet taillé sur mesure pour occuper les Allemands qui adorent débattre pendant des années autour d'un projet qui, au bout du compte, n'aboutit jamais. Mais voilà que des murs se dressaient devant moi. Je garai ma voiture et fis quelques pas. Je rentrais d'un week-end à Venise. J'avais encore des *palazzi* plein les yeux, des pierres roses délavées ayant traversé les siècles, des salles aux hauts plafonds sentant le vieux, la poussière, l'encaustique, l'encens – l'histoire, quoi. Et ici à Berlin ? Ça sent le béton frais et la falsification sans gêne.

Le débat autour de la reconstruction du château a connu des rebondissements surréalistes. En raison des coûts trop élevés, le ministre du Bâtiment et des Transports, un Bavarois, proposa de renoncer à reconstruire la coupole baroque. L'argent économisé suffirait à financer « dix ceintures d'autoroute » ou « 8 kilomètres d'autoroute à quatre voies ». Sauf que le château des Hohenzollern sans coupole, c'est comme la tour Eiffel sans la flèche ou le Parlement britannique sans Big Ben.

Cette Allemagne qui n'était plus qu'un immense champ de ruines après la guerre veut à tout prix se reconstruire un passé. Prenez le Römer à Francfort, le Neuer Schloss (nouveau château) à Stuttgart et la Frauenkirche, l'église Notre-Dame de Dresde, toutes des copies parfaites. Sur les plafonds du mythique hôtel Adlon, reconstruit de toutes pièces à Berlin, des fissures ont été dessinées au pinceau pour donner une illusion de patine. Et le management acheta au mètre des vieux livres aux reliures de cuir pour les bibliothèques.

Combien de lampadaires façon Art déco tentent de redonner un air vintage aux zones piétonnes ? Sur ses façades, Berlin fait revivre la gloire passée de l'empire. Depuis quelques années, la ville se pare de colonnades, de lignes classicistes, de couleurs claires. « Une véritable renaissance », promettent les brochures des agences immobilières. Fini, les blocs gris sans âme construits à la hâte dans les années 1950. Ils sont arrachés et remplacés non par des immeubles, mais par des *palais*. Dans cette grosse ville pauvre, les *palais* ont l'air de pièces rapportées m'as-tu-vu.

« Ici nous sommes prisonniers du XIXe siècle », se plaignait déjà l'architecte britannique Richard

Rogers quand Berlin se lança dans sa reconstruction juste après la réunification. Il se moquait de cette manie craintive qui consiste à imiter le passé au lieu d'oser créer du neuf. Les répliques de l'ancien sont si impeccables qu'il est souvent difficile de distinguer le faux de l'original. Un plagiat parfait.

J'ai mis un moment à réaliser que les façades à colombages XVe siècle du Römer à Francfort dataient en réalité de la fin du XXe. Elles furent détruites durant le bombardement de la nuit du 22 mars 1944 et reconstruites, copies conformes, dans les années 1980. Je ne regarde plus de la même façon le Neuer Schloss de Stuttgart. Encore un plagiat. Le débat autour de la ruine après la guerre alignait les mêmes arguments que celui autour du château des Hohenzollern soixante-dix ans plus tard à Berlin. Pour : il faut reconstruire coûte que coûte cet élément clé de la vieille ville. Contre : ce symbole de l'absolutisme n'a plus sa place dans une démocratie. L'Allemagne n'a-t-elle donc pas cessé de tourner en rond pendant tout ce temps ? Et si je n'avais pas connu l'émouvant tas de ruines de la Frauenkirche, je serais convaincue aujourd'hui qu'elle avait toujours été là. Étrange seulement qu'elle n'ait pas pris une seule ride. Pour moi la ruine était un meilleur témoin de l'histoire de Dresde que cette église botoxée.

Je suis allée rendre visite, dans leur atelier de Spandau, aux sculpteurs chargés de reproduire – photos anciennes à l'appui – les statues qui orneront le nouveau château. Nous nous sommes parlé sans nous comprendre. «Ce sont des copies parfaites, mais ce sont des faux quand même», constatai-je. Les tailleurs de pierre étaient outrés : «Non, non, ce sont de vraies copies!» Incapables de nous mettre d'accord, nous jonglions avec les mots «d'époque», «contrefaçon», «réplique», «plagiat». «De toute façon peu importe», finit par intervenir le contremaître. Il était de mauvaise humeur et voulait mettre un terme à cette querelle sémantique. «Dans quelques années ce sera comme au Römer de Francfort. Les jeunes ne verront qu'un très vieux château. Terminé!» Je restai bouche bée.

Il ne serait venu à l'esprit d'aucun Américain de reconstruire à New York les deux tours du World Trade Center. Tout le monde était d'accord : il fallait du nouveau. Je me pose cette question depuis longtemps : pourquoi les Allemands s'acharnent-ils à vouloir reconstruire leur passé ? Pourquoi n'osent-ils pas une architecture contemporaine ? Pourquoi toutes ces attrapes ?

C'est une femme avec qui je bavardais devant le Stadtschloss qui m'apporta la réponse. Nous avions engagé une petite conversation de trottoir. Et comme le château se dressait là, sous notre nez, nous fûmes bien obligées d'en parler. Je lui fis part de mes doutes. Je me moquai du kitsch de cette entreprise. Elle m'interrompit : «Et si on dynamitait Versailles ? Ne seriez-vous pas tenté de reconstruire pierre par pierre ce symbole de l'histoire de France?» Je fus incapable de répondre à cette question si brutale.

Les arguments politiquement corrects qui se bousculèrent tout de suite sur mes lèvres : reconstruire le symbole de la splendeur monarchique au pays de la Révolution ? Pas question ! Dépenser une fortune alors que la France a besoin de projets sociaux ? Jamais !

Mais soudain, une autre piste s'ouvrit devant moi. On a beau jeu, quand on est français, anglais ou italien, de se moquer des Allemands. Ni Paris ni Rome n'ont été bombardées. Londres habite son décor originel. Pas besoin d'user d'artifices. Nos villes sont leur passé. À Paris, 1 800 bâtiments sont classés monuments historiques, on ne sait plus comment les entretenir. Il en est tout autrement des villes allemandes.

Nous les Français, nous vivons dans des villes encore intactes. Difficile pour nous de comprendre cet engouement pour le « remake ». Versailles n'a pas été détruit. Quelques ravalements de façade, des petites réparations, mais chaque pierre est encore à sa place. Si peu de villes françaises furent bombardées et rasées après la guerre. Seules quelques-unes se retrouvèrent défigurées. Quel choc quand on arrive à Ulm ou, pire encore, à Kassel ou à Brunswick !

Chaque fois que je rentre à Strasbourg, ma ville natale, et que j'aperçois la flèche de la cathédrale déchirant le ciel au-dessus de la longue plaine du bassin rhénan, j'ai les larmes aux yeux. Rien n'a changé. Me revoilà dans ce chez-moi de mon enfance, dans la ville de mes parents. La cathédrale est toujours là, calme présence de grès rose. Comme cette continuité est sécurisante.

Il faut essayer de se mettre à la place des Allemands. Ils sortent de leur cave le matin et découvrent que leur château a été bombardé par les Alliés. Quelques années plus tard, la ruine est dynamitée par un idéologue obtus soucieux d'effacer le souvenir de l'hégémonie prussienne. Il fait de la place pour une esplanade réservée aux parades du communisme triomphant, une réplique de la place Rouge à Moscou. En 1976, Erich Honecker inaugure sur le terrain du château le palais de la République. Le nouveau siège de la Chambre du peuple est-allemande est un colosse d'acier et de verre fumé orangé. Après la réunification, ce palais aussi est rasé. Je comprends ce rêve : grimper à bord d'une formidable machine à remonter le temps et reconstruire exactement comme avant. Comme si rien ne s'était passé.

En rasant les originaux ou en les reconstruisant pierre après pierre, on espère la délivrance. Parlons-en, justement, du château ! Bien sûr, on peut raser le squelette bourré d'amiante du palais de la République pour effacer les traces de la RDA, accomplir des prouesses techniques, établir un solide montage financier et réaliser un trompe-l'œil parfait – on ne fera naître qu'une chimère. La plus belle copie du monde ne saurait effacer la douleur de la perte.

Les cantines du pouvoir

Il est donc là, ce restaurant du Sénat où je n'ai pas réussi à entrer jusqu'à présent. Sur le plan, un huissier trace une croix sur une pièce rectangulaire. Les fenêtres donnent sur la rue de Vaugirard. Cette croix au stylo est la seule information concrète dont je dispose sur ce lieu entouré de mystère. Le reste est un gros nuage de rumeurs plus ou moins fiables et souvent délirantes : un restaurant avec une traînée d'étoiles. Des laquais à gants blancs qui soulèvent d'un geste ample les cloches d'argent massif, découvrant des mets exquis. Un maître d'hôtel et un sommelier formés dans la plus pure tradition. Des soubrettes en tablier à volants qui repassent les nappes de coton fin à même la table. Chaises et verres alignés au cordeau. Douze mille pièces d'argenterie. Assiettes des manufactures de Sèvres et de Limoges. Compositions florales aux couleurs du drapeau de l'invité du jour. Les parquets cirés gémissent sous les pas. Les fournisseurs exclusifs viennent directement des halles de Rungis. «Le chef travaille des produits français. Ce n'est pas un hasard si le repas gastronomique est inscrit au patrimoine immatériel de l'Unesco», se vante l'huissier.

Il y a aussi le récit des délégations de province montées à Paris pour rendre visite à leur sénateur. Comme ce groupe de Bourguignons qui font le compte rendu de leur visite guidée.

Les Bourguignons grimpent quatre à quatre les quarante-huit marches de l'escalier d'honneur. Ils ne s'arrêtent ni devant les lions de marbre somnolant sur les paliers, ni devant les tapisseries des Gobelins à l'étage. Ils passent au pas de course devant les bustes et les portraits des grands hommes: Victor Hugo, Poincaré, Clemenceau, Colbert, Malherbe. Même Charlemagne ne les émeut pas. Tous ces noms leur rappellent l'ennui des cours d'histoire. L'hémicycle et ses petits fauteuils de velours rouge moulés à la taille des fesses sénatoriales les laissent de marbre. Ils frissonnent un peu tout de même quand ils voient, dans la galerie des conférences – 650 mètres carrés et 57 mètres de long –, la haie de la cavalerie des gardes républicains. Ils sont en tenue d'apparat avec leurs bottes, leurs éperons, leur bicorne, le sabre levé devant le menton pour saluer le président de séance. «Et où sont leurs chevaux?» demande le plaisantin de service. Ils ont l'estomac dans les talons quand le guide leur dicte la liste des prisonniers célèbres: Danton, Camille Desmoulins, le peintre David, Fabre d'Églantine. Tous purgèrent leur peine dans ce palais transformé en prison pendant la Révolution. Non, même ces histoires atroces de Terreur et de guillotine ne réussissent pas à faire oublier aux Bourguignons qu'ils ont faim.

«Cette maison, mesdames et messieurs, c'est quatre siècles d'histoire sans interruption jusqu'à cette date!» jubile le guide. Les Bourguignons étouffent un bâillement. Le but de leur visite est le restaurant du Sénat. Mais avec quatre siècles d'histoire dans les jambes, on n'est pas près de passer à table! La matinée s'éternise dans cette enfilade de salons et de couloirs sans fin. Ils sont assommés par tant de faste. Pas un centimètre de mur sans une décoration, un ornement doré, une œuvre d'art. «C'est un peu surchargé», commente une épouse. Elle imagine le combat surhumain contre la poussière. À bout de force, les Bourguignons lèvent les yeux sur le plafond de Delacroix dans la coupole de la bibliothèque. Ils écoutent le guide d'une oreille distraite leur expliquer ce qui se passa dans la chambre de la reine Marie de Médicis, «la femme d'Henri IV, Henri IV, la poule au pot, ça vous dit quelque chose?». Après six heures de bus et deux heures de visite, l'eau leur monte à la bouche. Si ça leur dit quelque chose, la poule au pot? Ah, oui! Ils sont venus pour ça. Et d'ailleurs il est déjà midi moins le quart.

C'est seulement quand un huissier leur raconte l'histoire de la cave du Sénat que leur sang ne fait qu'un tour. Ils sont là, pendus à ses lèvres, vibrants.

Sous l'Occupation, le Sénat fut réquisitionné et abrita l'état-major général de la Luftwaffe pour le front de l'Ouest en Europe. Les Allemands y installèrent leurs équipements techniques. On dit que le maréchal chargé du palais était un abstinent. Une information à laquelle j'ai du mal à croire quand je découvre le visage du Generalfeldmarschall Sperle : ses bajoues flasques ressemblent à de grosses éponges ayant absorbé des pintes et des pintes de bière. C'est lui qui administra le palais et ses caves à vin pendant quatre ans. Quand on songe que le père de Sperle était un Souabe, propriétaire d'une brasserie, cette histoire ne tient vraiment pas debout. Pourtant, voilà ce que dit la légende : amoureux des beaux-arts, le Generalfeldmarschall au cœur tendre aurait interdit à ses hommes de piller les fabuleuses richesses du palais. En échange, il leur offrit la cave. « En quatre jours tout était sifflé ! » gémit l'huissier. Il cite une lettre datée du 9 octobre 1940. Le président du Sénat y proteste auprès du maréchal Pétain contre « la désinvolture avec laquelle cette prise de possession a été opérée ». Un silence endeuillé écrase l'allégresse des Bourguignons. Sur les photos de l'époque, les bouteilles jonchent le sol. Le drapeau nazi flotte sur la façade du palais. Un très mauvais souvenir. Je soupçonne fort les Bourguignons de se demander s'il n'aurait pas mieux valu céder les Delacroix aux Allemands et sauver le saint-émilion.

« Mais il est temps de passer à table », ordonne leur guide. Oubliés, les soldats allemands vidant au goulot les vrais trésors de la République. Direction le restaurant. Les Bourguignons garderont de cette visite le souvenir d'un menu bourgeois. « Ce fut une belle journée, amicale, conviviale et riche d'enseignements sur le rôle et le fonctionnement du Sénat », écrit le faux-cul chargé de dresser le rapport de cette excursion dans la capitale.

On en raconte des choses sur le restaurant du Sénat. Surtout des choses méchantes : les sénateurs s'en mettent plein la panse aux frais de la princesse ! Le menu gastronomique, subventionné par le contribuable, y coûte seulement 16,45 euros ! Avec tous les privilèges qu'ils ont déjà ! C'est nous qui payons quand ils restent des heures à table ! Et les « frais de bouche » (ces si jolis mots désignent les dépenses pour la nourriture sujettes à défraiement) n'ont pas diminué avec la crise ! Faire bombance sur notes de frais est presque un sport républicain dans notre pays ! Au Sénat, on mange encore comme à l'époque de Balzac ! Des repas très arrosés ! D'ailleurs comment les sénateurs peuvent-ils se remettre au travail après une ripaille pareille ? C'est la vie de château, et pour le contribuable l'addition est salée !

Le restaurant du Sénat suscite l'envie. C'est peut-être pour cela qu'on m'en a interdit l'accès : pour ne pas nourrir davantage cette si vilaine passion. Par ces temps de populisme triomphant et alors que l'establishment politique est attaqué de tous côtés, il vaut mieux se faire tout petit quand on passe à table. D'autant que les privilèges des 348 sénateurs sont remis en question depuis longtemps déjà. Lionel Jospin, alors Premier ministre, qualifia le Sénat d'«anomalie démocratique». Certains réclament sa réforme. D'autres veulent sa suppression pure et simple.

Ce n'est pourtant pas faute d'avoir essayé d'entrer au restaurant du Sénat. Cette pièce ressemble à un coffre-fort abritant un secret d'État. Même pour les Journées du patrimoine les cuisines et le restaurant restent fermés au public. C'est un peu comme il y a trente ans. Dans les bureaux de mon journal à Paris, j'essayais de joindre le service des relations internationales au ministère des Affaires étrangères à Berlin-Est pour obtenir un visa. La dissidence s'organisait en RDA, les Allemands de l'Est fuyaient en masse vers la Hongrie. Il fallait aller voir ce qui se passait derrière le rideau de fer. Je passais des heures à attendre au dernier étage de l'immeuble avec vue sur le Sacré-Cœur, le téléphone coincé sous le menton. On ne me disait ni oui ni non. On me passait d'une ligne à l'autre. Je n'obtins jamais de visa pour la RDA et je traversai la frontière en touriste et à pied au poste de Checkpoint Charlie avec l'obligation de rentrer avant minuit comme Cendrillon.

Pas moyen d'entrer, même en touriste, dans le restaurant du Sénat. Je me donne du mal, mais je n'avance pas. Plus je m'acharne, plus je fais du surplace. Loin de moi l'idée de vouloir comparer le respectable service de presse du Sénat aux têtes de béton de la RDA. Mais ce «ni oui ni non», ces mails d'une politesse frigide, ce silence... Chaque fois que je crois tenir le bon bout – un contact en or, une recommandation chaleureuse et personnelle, une sénatrice de ma région qui ne pourra pas rester insensible à ma demande –, chaque fois ma tentative tombe à l'eau. Six mois plus tard, je suis forcée de me rendre à l'évidence. J'ai fini sur une voie de garage. Jamais je ne verrai ce qui se passe à l'emplacement de la croix tracée sur mon plan par l'huissier. Je m'assieds sur une chaise près du bassin du jardin du Luxembourg. Les yeux rivés sur les hautes fenêtres opaques du palais, je me console avec un jambon-beurre.

Le Sénat et le Bundesrat sont aux antipodes. Arrogance française, simplicité allemande. Quand j'appelle au Bundesrat pour demander l'autorisation de jeter un coup d'œil au restaurant de ce haut lieu du fédéralisme à l'allemande, j'ai un peu peur d'être ridicule : comparer les cantines du pouvoir, quelle drôle d'idée ! On va sûrement me prendre pour une foldingue et m'envoyer au diable. Trois jours plus tard, l'attaché de presse me rappelle : «Quel beau projet ! Original ! Enchanté de vous rendre service et de vous ouvrir les portes de notre maison !» Une voix jeune et sympathique. «Quand cela vous arrangerait-il ?» Je n'ai que l'embarras du choix et j'opte pour un jour de séance plénière. L'affaire est conclue. Une semaine avant notre rendez-vous, l'attaché de presse me rappelle : « Voilà le programme auquel j'ai songé pour vous, cela vous convient-il ? Une demi-heure dans l'hémicycle, cela vous suffira-t-il ? Un guide sera mis à votre disposition pour toute la journée si vous le souhaitez. »

En me présentant à l'entrée du Bundesrat dans la Leipziger Strasse, j'ai un peu l'impression de forcer le trait, d'avoir choisi de comparer ce qui, à coup sûr, frisera la caricature. Des vélos sont garés dans tous les sens devant la porte. La concierge me fait signe de monter et désigne une petite salle d'attente. Je grimpe cinq marches et me voilà dans une jungle de plantes vertes. Un chaos végétal sur le rebord des fenêtres. Les plantes ont débordé des bureaux attenants. Un arrosoir de plastique vert est coincé entre un cactus et un palmier nain. Pour échapper de temps en temps à leur écran, les secrétaires sortent les arroser. C'est une façon de s'approprier l'espace public et de faire jaillir la vie dans ces couloirs moroses. La concierge aussi refuse d'être prisonnière du cadre de ses fonctions. Elle laisse libre cours à ses talents de décoratrice d'intérieur. Selon la saison, elle orne la table basse devant le canapé de cuir noir réservé aux visiteurs qui attendent leur rendez-vous. Petit bouquet de fleurs séchées sur serviette en papier multicolore au printemps, lapins et cloches dans un nid de paille à Pâques, pommes de pin et guirlandes à Noël. C'est le visage *gemütlich* (encore un adjectif intraduisible entre le *cosy* anglais et le *bon enfant* français) de la démocratie allemande. Je m'interdis toute comparaison ! Non, je ne pense ni aux toiles de maître, ni aux bustes de marbre blanc, ni aux lustres qui accueillent le visiteur dans le vestibule du Sénat.

Quand mon guide me fait pénétrer dans la *Wandelhalle*, je découvre le charme neutre d'un lobby d'hôtel. Trois barres de métal planent au plafond, animées par un petit moteur « soumis à une révision tous les deux ans ». *Les Trois Grâces*, une sculpture de Rebecca Horn. C'est la seule décoration de ce couloir conçu pour l'efficacité. Je refuse de comparer avec la galerie tout en or du Sénat, au centre de laquelle se dresse le trône de Napoléon – deux sphinges ailées en accoudoir. Mon guide souligne sèchement qu'en Allemagne on refuse ce genre d'excès : « Cela ne correspond pas à notre idée du pouvoir et de la démocratie. »

Ce ne sont pas quatre siècles d'histoire en ligne continue qui vous accueillent dans la salle des pas perdus du Bundesrat, mais des ruptures, des catastrophes, des bombardements, des nouveaux départs. Comparé au Sénat, le Bundesrat est un jouvenceau. Il est tout juste centenaire. La *Preussiches Herrenhaus*, Chambre haute du Parlement prussien, est inaugurée en 1904. Sous le IIIe Reich, Hermann Göring s'y installe. Il organise des banquets pour dignitaires nazis dans la salle plénière. Pendant la guerre, une bombe au phosphore explose au milieu du bâtiment et détruit tout ce qui n'est pas en pierre. En 1945, le bâtiment, bien amoché, se retrouve en zone soviétique, à quelques mètres du mur qui scie en deux la Potsdamer Platz. Les ailes de ce bâtiment dans un cul-de-sac sont tout juste bonnes à accueillir les archives de l'Académie des sciences de la RDA et la commission du Plan. Il a mauvaise mine, le Bundesrat, sur les photos de la guerre froide. Pendant trente ans, la salle des pas perdus reste murée. La RDA veut éliminer les vestiges de la Prusse. C'est une façon de recouvrir l'histoire. Personne ne met plus les pieds dans ce tombeau humide. La salle des fêtes devient une cantine aux rideaux de tulle et à l'odeur de graillon. Et la salle plénière sert de garde-meuble.

En 1996, quand le déménagement du Bundesrat de Bonn à Berlin est décidé, on se souvient de cette ruine à l'abandon dans la Leipziger Strasse. La surface est idéale, l'emplacement stratégique, et, surtout – c'est l'argument décisif –, cela coûtera moins cher de revenir s'installer ici que de construire du neuf. Le Bundesrat déménage en 2000. Nous avons cessé d'être une grande puissance, clame l'architecture de la salle plénière. Nous assumons la responsabilité de l'histoire allemande ! « Alléger », « rendre transparent » sont les mots d'ordre.

C'est en toute innocence que je demande à voir le restaurant. « Le restaurant ? » sursaute mon guide. Je comprends que je mets cet homme si dévoué dans l'embarras. « Il n'y a pas de restaurant au Bundesrat. Vous voulez dire la cafétéria, madame. »

À la différence de leurs collègues français, les membres du Bundesrat ne siègent à Berlin qu'une matinée par mois. Ils arrivent en voiture au pied du perron et laissent leur manteau sur le siège arrière. Ils n'ont même pas de bureaux ici. Leur métier, ils l'exercent principalement dans leur *Land*. Le travail se fait en amont. Tout est négocié, structuré et décidé à l'avance. On ne vient à Berlin que pour approuver rapidement les projets de loi. Pas le temps de faire une pause déjeuner. Un restaurant permanent serait donc superflu. Ici on vient pour travailler, pas pour faire la bamboula.

La cafétéria ressemble à la buvette d'une gare de province. Quelques tables éparses et un comptoir pour les commandes. Pas de laquais aux gants blancs à Berlin. Chacun se sert soi-même. Trois ministres présidents se sont retrouvés autour d'une tasse de café. Ils ont retiré leur veste et grignotent un sandwich. Ici chacun débarrasse. Les clients sont priés de déposer leur vaisselle sale sur une étagère. Rien, pas même les tartines, n'est subventionné. Tout le monde paie plein pot.

« Il n'y a pas de cuisine ici, m'explique d'emblée le gérant de la cafétéria.

– Comment ça, pas de cuisine ?

– Non, c'est contraire au règlement. Nous pouvons simplement réchauffer sur place. »

Pas moyen de commander un œuf sur le plat quand on a la dalle au Bundesrat. Oublions le menu bourgeois de base.

L'équipe de la cafétéria compte cinq employés en habits de ville et tablier. Un maigre équipage à côté de la « brigade du Sénat » avec son chef, ses pâtissiers, ses sommeliers, ses cuisiniers et son maître d'hôtel. Dans les assiettes, on a également renoncé au faste. Le menu est aussi démocratique que le décor : petites saucisses et salade de pommes de terre, une corbeille de pommes, des sandwichs fromage, salami et *Mett und Zwiebeln* (traduisez : viande de porc hachée sur son lit d'oignons crus). « Dans le plus grand respect de la réglementation sur la viande hachée, s'empresse d'ajouter le gérant. C'est le Bundesrat qui l'a votée. Alors vous pensez bien qu'on ne va pas la transgresser ici ! »

Pour les toutes petites faims, une olive, un grain de raisin et un dé de gruyère empalés au bout d'un cure-dents. J'imagine la tête de nos sénateurs si on les mettait à un régime pareil. Eux qui sont gavés au foie gras mi-cuit entier et gâtés aux soles des côtes bretonnes façon meunière. D'ailleurs la cafétéria du Bundesrat s'est permis quelques audaces exotiques. Des bagels tomates-mozzarella ! Du brie ! Mais la salade orientale a vite été rayée de la carte. Personne n'y a touché et l'aventure s'est arrêtée là. Végétarien, intolérance au lactose ou au gluten... tout est prévu ! Au Bundesrat on pense à tout, aux allergies, au diabète, aux régimes sans sel, mais rarement au plaisir des sens.

J'imagine l'insurrection au restaurant du Sénat si sur le menu apparaissaient le steak de tofu Beauharnais et le flan caramel au lait de soja. Il y a quelques années, le président socialiste Jean-Pierre

Bel, soucieux de rendre le Sénat « plus modeste » et d'y opérer une « révolution démocratique », imposa un régime tristounet à base de poisson blanc cuit à la vapeur. Mais avec le rabelaisien Gérard Larcher, la droite revint au perchoir et on salua le retour du gibier et des viandes en sauce. En France, le bon coup de fourchette rassure. On se méfie de ceux qui suivent un régime. Ils manquent sûrement de grandeur d'âme.

Et le clou : pas d'alcool ! Le Bundesrat pratique la prohibition. Si on souhaite une bouteille de *Sekt*, le mousseux allemand, pour fêter un anniversaire ou un départ à la retraite, il faut la commander. La cave du Sénat est à l'image du fédéralisme allemand. Les vins du Palatinat et du Bade-Wurtemberg y sont représentés paritairement. « Nos membres doivent se concentrer pour travailler efficacement, explique mon guide. Ils ont une cinquantaine de points à leur ordre du jour. Alors il faut que ça aille vite. *Zack, Zack !* » Un quart d'heure de pause seulement pour se restaurer. « Passer trois heures à déjeuner et quitter la table comme si une bombe avait explosé en plein milieu... Nous ne connaissons pas ce genre de célébration. » Ici les élus montrent l'exemple.

J'ai aperçu un jour un éclair de panique dans les yeux de la ministre présidente d'une très grosse région allemande, une habituée de la cafétéria : elle ne voulait pas être photographiée devant le verre de vin blanc qu'elle s'était octroyé, innocent plaisir bien mérité, au terme d'une longue journée de travail. Le contribuable allemand peut donc dormir sur ses deux oreilles. Pas de beuveries au Bundesrat. Quand nos sénateurs repus somnolent dans leurs petits fauteuils moelleux du palais du Luxembourg, les pauvres bougres du Bundesrat planchent à jeun, assis sur des chaises inconfortables. Après la séance, ils avalent une soupe à la buvette de l'ICE[1] ou mangent sur le pouce dans l'avion qui les ramène dans leur circonscription. L'ascèse règne. Au Bundesrat, il n'y a pas d'eau chaude dans les toilettes. Pour économiser l'énergie, on se lave les mains à l'eau froide, été comme hiver.

Et quand les sénateurs viennent rendre visite à leurs collègues allemands ? J'ai passé des heures à imaginer leur effroi, leurs gloussements méprisants, tous les clichés sur ces Allemands qui vivent pour travailler, alors que nous, nous les Français épicuriens, nous êtres supérieurs et gourmets de naissance, nous travaillons pour vivre. J'imagine la panique du gérant de la cafétéria. Les heures passées à composer le menu. Pas question de se laisser humilier ! Il faut leur en mettre plein les yeux, à ces *Franzosen* ! On va bien entendu proposer une cuisine plus raffinée aux sénateurs ? Mais non ! Les Français ne veulent pas qu'on mette les petits plats dans les grands. Ils veulent manger allemand. Ils en ont assez des menus gastronomiques. *Currywurst* ! C'est cette grosse saucisse bouillie arrosée de ketchup et de poudre de

---

1. InterCity Express, TGV allemand.

curry qu'ils réclament. Alors la cafétéria leur sert une version noble dans une petite assiette de porcelaine avec vrais couverts au lieu de la barquette de carton et des petites fourchettes en plastique. Et les Français ? Les Français trouvent ça si exotique. Si délicieux !

11ᵉ commandement :
« Tu ne feras pas de grillades au paradis »

P aris en juillet. Chaleur abrutissante, embouteillages, alerte à l'ozone. On cherche l'air entre les hautes façades des immeubles haussmanniens. Nous sommes allés nous réfugier, mon fils et moi, sous les platanes du jardin du Luxembourg. Le petit vient de commencer à marcher. Il titube dans sa couche-culotte de cellulose et de plastique. Il gémit. La sueur perle sur son front. Le bruit de la ville s'estompe au loin. Le Luxembourg, le Luco comme l'appellent les habitants du Quartier latin, est un tout petit poumon élégant et désuet en plein centre d'une ville au bord de l'asphyxie. Il y a des oiseaux et des massifs de fleurs pastel, le clapotis d'une fontaine et même un souffle d'air. Nous sommes un peu au paradis.

Les Parisiens sont avachis sur les chaises à l'ombre. Nous nous asseyons sur un banc. Vite, je déshabille le petit. T-shirt, short et couche. Il court vers le bassin. J'observe de loin ses petites fesses rondes et je l'entends frapper l'eau fraîche de ses mains. Je savoure ce moment, ferme un instant les yeux. Mais un coup de sifflet strident m'arrache brutalement à ma torpeur.

« Il est à vous, cet enfant ? » m'interroge un géant perché devant moi à contre-jour. C'est un surveillant à képi et talkie-walkie. Il tient le petit par la main.

« Il est interdit de se promener tout nu dans le jardin !

– Mais monsieur l'agent, c'est un enfant.

– Permettez-moi de vous rappeler, madame, que vous êtes ici dans le jardin privé du Sénat. Le public n'est que toléré. Et quand on est toléré, on observe le règlement. Vous auriez mieux fait de lire le panneau à l'entrée. Vous pouvez vous estimer heureuse que je ne vous verbalise pas. »

Le Sénat a dû sélectionner ses agents en fonction de leur aptitude à rester courtois. Je m'estime heureuse en effet. Les représentants de la loi en France ne prennent habituellement pas autant de gants pour vous déloger.

Marie, Clémence, Jeanne, Marguerite…, même les reines de France en marbre blanc postées tout autour des terrasses ont l'air choquées. J'ai l'impression d'avoir enfanté un exhibitionniste. J'attrape le petit qui se démène et hurle. Je saisis T-shirt, couche et short. Le voilà rhabillé, dégoulinant de sueur. Toute honteuse de m'être montrée si docile, j'explique au surveillant que chez moi, en Allemagne, les enfants en bas âge ont – « Bien entendu ! C'est tout naturel, monsieur l'agent ! » – le droit d'être nus dans les jardins publics.

En sortant du Luxembourg, nous étudions le règlement. Il est affiché dans une vitrine à l'entrée du parc. Le surveillant pose le doigt sur l'article 4 bis : « Les usagers doivent conserver une tenue décente et un comportement conforme aux bonnes mœurs. » Le rédacteur du règlement a fait preuve de créativité : six pages d'interdits. Le gardien se dit capable de remplir un carnet de procès-verbaux par jour. « Ici, fanfaronne-t-il, c'est très simple : vous n'avez le droit de rien faire ! »

Il tressaille et cite l'article 6 intitulé « Bruit » : « L'usage d'instruments est soumis à autorisation spéciale. » Le surveillant a repéré un jeune en train de gratter sa guitare. Il bondit sur sa proie. Pendant qu'il colle un procès-verbal au musicien, j'étudie le code de conduite. Il est interdit de circuler à bord de tous véhicules, même les vélos et les trottinettes. Interdit de se livrer à la mendicité. Interdit d'utiliser des armes, frondes, arcs, boomerangs, battes de base-ball. Interdit d'introduire toute espèce d'animal. Les chiens, à l'exception des chiens d'attaque et de type molossoïde, sont tolérés dans la partie sud-est du jardin. Mais ils doivent être tenus en laisse ! Interdit de nourrir les pigeons. Interdits les jeux de balle au pied. Les jeux de balle à la main, de ballon en mousse et les boules sont permis dans les emplacements prévus à cet effet. Interdit de se baigner et de pêcher dans le grand bassin et les fontaines. J'imagine un pêcheur, bob, canette de bière, tartine aux rillettes, en train de jeter sa ligne dans la fontaine Médicis, cet élégant bassin sous son baldaquin de platanes. Interdit de grimper aux arbres. De cueillir des fruits ou des fleurs. D'allumer des feux. De pratiquer le camping. Le législateur a tout prévu. Qui songerait d'ailleurs à planter sa tente sous les fenêtres du Sénat et à allumer un feu de camp sur une plate-bande de fleurs ? Interdit de monter sur les balustrades, les bancs, les chaises, les fauteuils. De pénétrer dans les massifs et sur les pelouses. D'offrir ou d'acquérir des substances classées comme stupéfiants. D'organiser des paris ou des jeux d'argent et de hasard. Et moi qui croyais être arrivée au paradis. Au jardin d'Éden il n'y avait qu'une seule interdiction.

Interdite aussi l'agitation politique. Pas de manifs. Pas de tracts. Même quand la France entière est en grève et manifeste, les cortèges prennent soin de contourner le Luco. La vindicte populaire, c'est pour les grands boulevards, Saint-Michel et Saint-Germain, hauts lieux de Mai 68. Le Luco n'est pas près d'ailleurs d'oublier cette manifestation d'agriculteurs il y a quelques années. Des dizaines de vaches et de moutons dévalèrent les escaliers et broutèrent les pelouses devant le Sénat. Les vieux habitués se souviennent aussi que sous l'Occupation le jardin servit de parking aux véhicules de l'artillerie allemande.

Le surveillant nous a rejoints. Il se fait un devoir de ramener dans le droit chemin de l'ordre et de la décence une Française égarée dans un pays de sauvages. Interdit, cela va sans dire, de «se trouver en état d'ivresse manifeste et de consommer des boissons alcooliques en dehors des espaces concédés». Il précise : «Parce que la bière est diurétique et qu'uriner dans les bosquets, ça les abîme et ça coûte cher : 38 euros d'amende ! » Pour soulager ses besoins impérieux, le public est prié d'utiliser les «chalets d'aisances», de ravissants petits palais souterrains avec des bouquets de roses artificielles, des bâtons d'encens et une dame pipi sévère.

Au Sénat on est fier de montrer aux visiteurs un tableau du XIXe : « Vous voyez, rien n'a changé ! Le jardin est toujours le même ! » En effet : on reconnaît le bassin central, les statues des reines de France, les massifs soignés, les orangers dans leurs caissons de bois qu'affectionnait Marie de Médicis, les arbres fruitiers datant du XVIIe siècle. Si les gouvernantes avec leurs grands landaus recouverts de draps de dentelle n'avaient pas été remplacées par des nounous africaines avec leurs poussettes buggies, on pourrait, c'est vrai, avoir l'illusion que le temps s'est arrêté un après-midi du printemps 1900 dans ce jardin si fragile, si beau et si vieillot. Même les habitués semblent d'un autre âge : les familles arméniennes le dimanche, la vieille Américaine au chapeau de paille qui se plaint du «bruit insupportable» de Paris, les messieurs qui tombent la veste quand ils jouent aux échecs ou aux boules.

Le surveillant s'autorise aujourd'hui un petit écart. Et la Direction des jardins de Paris ferme les yeux. De temps en temps, et pendant quelques minutes seulement, il soulève son képi. «C'est interdit, mais c'est toléré.» Difficile pour un néophyte de délimiter la frontière au tracé flou entre l'interdit et le toléré. C'est toute la subtilité du rapport des Français à l'autorité. Il n'y a pas si longtemps, il était aussi interdit de s'allonger sur les bancs. Mais, «pour ne pas être en conflit permanent avec l'évolution de la société», la Direction des jardins a fait preuve de souplesse. On tolère la position horizontale sur les bancs. En revanche, les usagers n'ont pas le droit de poser les pieds sur les chaises.

S'il est un point sur lequel le règlement ne transige pas, ce sont les pelouses. Il y a quelques années encore, toutes les pelouses étaient interdites. Quand trois bandes étroites alignées côte à côte ont été ouvertes au public, le Luxembourg a connu une petite révolution des mœurs. Mais pas question d'en profiter. Le jardin semble ne jamais avoir entendu parler de l'égalité des sexes. Si pour les femmes le port du soutien-gorge de bikini est toléré, ne sont autorisés pour le bas du corps que la jupe ou le pantalon. Les hommes, au contraire, peuvent être torse nu et en caleçon de bain. Seules les statues sont nues au Luxembourg. Une vieille dame vint même un jour se plaindre de l'obscénité d'une statue: observé sous un certain angle, le Vulcain de l'escalier central a l'air de tenir un énorme sexe en érection dans le creux de sa main. Quand on le regarde de face, on voit pourtant qu'il tient un marteau. « Permettez-moi, madame, mais vous avez les idées mal placées ! » répondit le surveillant en étouffant un éclat de rire. Que dirait madame si elle allait se promener au Tiergarten !

Si un tel règlement était en vigueur à Berlin, le Tiergarten devrait être évacué *manu militari*. Le Tiergarten : 220 hectares de liberté. Les bosquets sont touffus, les bois sauvages, les pelouses ouvertes au public. Tout semble permis : trouer la pelouse avec ses talons aiguilles et lacérer les allées avec ses rollers. Les chiens peuvent gambader en toute liberté. Des couples d'hétéros s'enlacent sous les hêtres. Sous la Siegerssaüle[1], « toujours là où il y a quelque chose de phallique », les gays bronzent en string de cuir clouté. Au Luxembourg on appellerait cela « afficher une identité sexuelle provocante qui pourrait conduire à des scènes non maîtrisables ». Par beau temps, le Tiergarten est un gigantesque camp naturiste en plein centre-ville. Seul un légendaire joggeur tout nu est sommé de couvrir ses parties intimes. Allez savoir pourquoi...

Au Tiergarten, mon fils est un sauvageon heureux. Les fesses à l'air, il grimpe dans les arbres, nourrit les écureuils et, bien entendu, pisse dans les buissons.

---

1. Colonne commémorant la victoire de 1870.

Les ballons de cuir et les frisbees traversent le ciel d'été. Tout ce qui a une ou deux roues fonce dans les allées. Et le petit Parisien ? Il est parqué dans un magnifique décor historique. L'illustre carrousel est un bijou construit en 1879 par Charles Garnier, l'architecte de l'Opéra de Paris. Les petits chevaux de bois sont fragiles. Pas question de remuer sur cette pièce de musée. Les enfants sont figés.

Au XVIIIe siècle, le Tiergarten s'appelait encore le Lustwald, la forêt du plaisir. Depuis trois cents ans, il est un *Volksgarten*, un jardin pour le peuple. Il est inauguré en 1840 par Frédéric-Guillaume III et dessiné par le paysagiste Peter Joseph Lenné. Depuis l'occupation napoléonienne, la ville explose. Les Berlinois ont besoin d'un parc. Dès ses débuts, le Tiergarten est ouvert à tous, jour et nuit. Une idée qui n'a jamais effleuré Marie de Médicis ! Le Luxembourg ferme ses grilles à la tombée de la nuit. Il a toujours été la vitrine du pouvoir. Ici la nation s'expose dans toute sa splendeur : fierté, tradition, distance. Ici on bride la nature et on étale sa richesse. Ici l'histoire court en ligne continue.

Au Tiergarten, elle s'arrête brusquement. En 1945, seuls huit cents arbres échappent à l'enfer de la Seconde Guerre mondiale et l'idée de fierté nationale est discréditée pour longtemps. Dans les dures années d'après-guerre, les Berlinois coupent les arbres pour se chauffer et plantent des jardins potagers sur ses pelouses. Le Tiergarten porte les cicatrices de l'histoire allemande.

Au Luxembourg, on ne prend pas le Tiergarten vraiment au sérieux. « Une forêt, un bois, une jungle..., mais pas un jardin travaillé par la main de l'homme ! » se moque le gardien. Il n'est allé qu'une seule fois au Tiergarten. Ça lui a suffi. Anarchie ! Nature à l'état brut ! Les usagers du Tiergarten semblent ne jamais avoir entendu le verbe « *verboten !* », cet impératif pourtant tellement allemand à l'oreille des Français. Le surveillant du Luco a cherché en vain la trace écrite d'un règlement dans les allées au tracé alambiqué. En un après-midi, les clichés les plus coriaces se sont inversés sous ses yeux. Soudain c'étaient les Allemands qui étaient insubordonnés et bohèmes. Et les Français puritains et crispés. C'est dans leurs parcs que les nations se révèlent. Entre les massifs de fleurs, elles montrent leur vrai tempérament.

Que se cache-t-il sous la serviette du Français ?

Se laisser glisser nue dans les plis d'eau fraîche d'un lac désert, s'allonger ensuite, seule au monde, sous les premiers rayons du soleil entre les arbres, se rhabiller et, vite, aller au bureau pour retrouver son ordinateur – quelle délicieuse façon de commencer la journée. Berlin est la seule capitale européenne capable de vous offrir un tel plaisir tout près du centre-ville. C'est ce que je me dis en nageant dans le Schlachtensee un matin au mois d'août. La canicule étouffe la ville depuis plusieurs jours. Pas une goutte de pluie en vue sur les radars. Pas un souffle d'air la nuit. On ne dort plus. On transpire. Sans baignade quotidienne, c'est intenable !

En regagnant la rive, je me rends compte que je ne suis pas la seule à avoir eu cette bonne idée. La silhouette appartenant sans équivoque possible à un humain de sexe masculin se découpe à contre-jour. En sortant de l'eau, je bute presque sur l'homme politique que j'ai interviewé la veille. Il est nu. Moi aussi. Et comme nous sommes seuls sur ce petit carré de plage en bordure du lac, pas question de faire semblant de ne pas avoir remarqué la présence de l'autre. Hier, il portait un complet et, parce qu'il faisait une chaleur infernale dans son bureau, il avait pris la liberté de dénouer légèrement sa cravate et m'avait demandé l'autorisation de tomber la veste. «Vous ne voyez pas d'objection?» m'avait-il dit comme un grand garçon bien élevé qui s'apprête à commettre une incorrection. «Il fait vraiment trop chaud.

– Mais bien entendu, je vous en prie», avais-je répondu.

Il n'avait pas osé retrousser les manches de sa chemise.

Et maintenant voilà qu'il est devant moi sans veste, sans cravate, sans pantalon, sans chemise, sans slip. J'aperçois, posée sur les racines d'un vieux chêne, la pyramide de ses vêtements soigneusement pliés et ses chaussettes roulées en boule au fond de ses chaussures. Je suis désemparée. Que faire dans un cas pareil? Quelle règle de bienséance appliquer? S'avancer et serrer la main? Faire un petit signe poli et retourner se cacher dans l'eau? Mais il prend les devants et s'approche, parfaitement à l'aise, en me tendant la main. «Tiens, *Guten Morgen Frau Hugues*, quelle journée magnifique, n'est-ce pas?» Il est ravi. Je suis rougissante.

Je voudrais disparaître sous terre. Même en maillot de bain, cette rencontre m'eût été désagréable. En un éclair, je me recouvre de ma serviette et lui tends la main. J'espère que ce supplice sera bref. Mais il reste enraciné sur place et engage la conversation. Justement, il a repensé à notre entretien de la veille et éprouve le besoin d'ajouter quelques précisions. Le sexe au soleil, les fesses à l'air, il me livre le fond de sa pensée sur la crise du système des retraites par répartition. J'ai du mal à reconnaître dans ce baigneur impudique l'homme raide et formel que j'ai rencontré hier dans son bureau. Je n'ose pas baisser les yeux et fixe tantôt son visage, tantôt l'horizon. Suis-je totalement coincée ? Et lui parfaitement épanoui ?

Ce même après-midi, je me promène dans le Tiergarten. Je constate que la pudeur n'est pas vraiment une caractéristique allemande. Je flâne entre les pénis flasques couchés sur les cuisses velues, les seins épiant le soleil, les paires de fesses ourlées de tatouages et les nombrils piercés de strass. Une exposition de chairs et d'organes sexuels dans un jardin public, à quelques mètres de la Strasse des 17. Juni où circulent les voitures, les vélos, les joggeurs et les promeneurs. Sous les fenêtres de la chancelière. Au cœur de Berlin. Je croyais pourtant qu'en Allemagne aussi la nudité en plein centre-ville était considérée comme outrage public à la pudeur. Mais non ! Au Tiergarten, à l'Englischer Garten de Munich, comme dans beaucoup de parcs allemands, le nudisme est – en l'absence de règlement autorisant le bronzage intégral – une tradition tolérée dans l'indifférence générale. Une zone d'ombre dans un pays qui a pourtant la réputation de régir l'espace public jusque dans ses moindres recoins. Tout le monde à poil ! Il semble qu'en été les Allemands reçoivent cet ordre impérieux qu'ils exécutent sans broncher. Dès que le thermomètre grimpe au-dessus de 25 degrés, ils se déshabillent !

Je me souviens d'une réception berlinoise très mondaine à laquelle j'avais été invitée le premier été après la chute du Mur. Elle avait lieu sur un bateau glissant lentement le long d'étroits canaux qui, quelques mois auparavant, appartenaient encore à la RDA. Sur le pont : bavardages et mousseux. Une sélection d'intellectuels de haut rang, dames en robe d'été fleurie et chapeau de paille, messieurs en complet clair et panama. Sur les rives : pénis et saucisses grillées. Les *Zonies* (c'est ainsi qu'on surnommait à l'Ouest ces Allemands de la zone soviétique prisonniers derrière le Mur) jouaient à Adam et Ève. Sur le bateau, l'élégante assemblée faisait semblant de ne pas voir ce peep-show qui défilait doucement dans le radieux après-midi estival. Vous reprendrez bien, ma chère, une coupe de fraises à la chantilly ? Et comment voyez-vous, cher professeur, l'évolution architecturale du nouveau Berlin ? J'aurais tant aimé savoir ce que les baigneurs pensaient de cette chaste société boutonnée jusqu'au cou. En RDA, le nudisme était une des rares transgressions tolérées. Je dois avouer avoir compris pour la première fois cet après-midi-là en quoi retirer sa petite culotte en public est un acte provocateur.

Ce spectacle de la nudité en public est très surprenant pour une Française. Imaginez des corps nus sur les pelouses du jardin du Luxembourg où retirer ses chaussettes ou relever un pan de sa jupe pour faire bronzer ses jambes porte déjà atteinte à la pudeur. Jamais, au grand jamais, on ne se hasarderait sur une plage française (en dehors de l'enclos strictement balisé réservé parfois aux naturistes) à se promener sans bas de maillot de bain. Même le plus mini-mini-bikini, le plus fin des strings, le plus insignifiant triangle de tissu donne le change. Mais pas question de laisser paraître une touffe de poils pubiens. Pour se changer à l'abri des regards, on se tend mutuellement une serviette, tel un paravent japonais. On enfile son maillot de bain en équilibre précaire sur une jambe. D'ailleurs, allez observer les rives des lacs berlinois. Les Allemands se moquent : quand un baigneur se contorsionne dans sa serviette, vous pouvez être certain qu'il s'agit d'un Français.

La culture FKK (*Freikörperkultur*), le naturisme allemand, est centenaire. Comme souvent, la longueur méritante de la tradition tient lieu à elle seule d'explication et ne tolère aucune objection. Après des siècles de pudibonderie, c'est vers 1900 que le corps s'offrit pour la première fois aux rayons du soleil, au souffle du vent et aux regards du bourgeois horrifié. Au diable les jupons, les corsets, les caleçons longs et les inhibitions! Comme son nom l'indique, le FKK est une bravade contre l'ordre établi.

Pour mieux comprendre, je décidai d'entreprendre une expédition d'ethnologue ou de voyeur, selon la façon dont ma démarche serait interprétée, et d'aller observer la tribu des naturistes allemands sur la plage du Wannsee. Ce lac a été baptisé la «baignoire de Berlin» tant ses eaux sont chaudes et peu profondes en été. Un lieu de grande tradition puisque c'est là que la baignade nue fut autorisée pour la première fois en Prusse en 1907.

En sortant de la cabine du vestiaire, je découvre la palissade de bois érigée en travers de la plage. Elle sépare le secteur alloué aux porteurs de maillot de celui réservé aux naturistes. Huit cents mètres de textile. Deux cents mètres de peau. Assise en tailleur sur le sable, j'observe les Berlinois à la peau tannée comme du vieux cuir, le sexe et les seins vivant leur vie sans contrainte. Ils sont en train d'installer au bord de l'eau leurs fauteuils pliants et leurs tables de camping. Ils reproduisent leur salon sur le sable. Une toile cirée à fleurettes sur la table pliante, le journal posé sur l'accoudoir du fauteuil. Une glacière pour la limonade et la bière. Une thermos pour le café. Une poubelle pour les déchets. Parfois même une balayette pour épousseter le sable des sandales. Si c'est à ça que ressemble la subversion!

Intriguée, j'engage la conversation devant la buvette avec l'un de ces bons sauvages. Il s'appelle Frank. *Frank, et on se tutoie!* C'est ainsi qu'il se présente sans me demander mon avis. À quoi bon, c'est vrai, enfiler la camisole du vouvoiement quand on est nus l'un en face de l'autre ? Frank me dit qu'il s'est échappé de son bureau pour l'après-midi. Sa femme – *Sabine, et on se tutoie !* – l'a rejoint avec le parasol et les sudokus. Employé depuis vingt ans par un chef à l'humeur volatile, Frank a besoin de se défaire de temps en temps de ses vêtements et de ses chaînes. Quand il mélange sa salade de pommes de terre dans sa barquette, debout devant la buvette de la plage, il se sent libre. Son sexe dodeline en mesure quand il gesticule pour donner plus de conviction à ses arguments. Il a remarqué que je suis sceptique. Et il se donne un mal fou pour me convertir. La nature, s'enflamme-t-il, fait si bien les choses ! Pourquoi s'embarrasser des attributs de la civilisation occidentale si puritaine ? Pourquoi cacher son corps, le couvrir de vêtements qui l'aliènent ? Vive l'innocence du corps à l'état pur, sans artifices et sans cachotteries !

Sans artifices ? Je tressaille. Deux anneaux de cuir ornent le pénis de Frank. Il remarque que mes yeux intrigués se sont posés – une fraction de seconde ! – sur son bas-ventre. « Il faut savoir orner cette partie de son corps, vous portez bien des boucles d'oreilles, vous les femmes ! » m'éclaire-t-il. Sabine glousse, un peu embarrassée : « Mais ils sont utiles quand... tu vois ce que je veux dire... » Oui, je vois très bien ce que Sabine veut dire. Mais j'ai du mal à comprendre pourquoi elle est soudain si gênée de prononcer l'innocent verbe « baiser », elle qui expose devant moi ses parures les plus intimes : un piercing sur la lèvre gauche rasée de près et un tatouage bleu nuit dans le creux de l'aine. Je me souviens d'un temps, pas si lointain, où l'épilation des jambes et des aisselles était jugée contre nature dans ce pays. Les Allemandes en robe d'été avaient des jambes velues et des buissons de longs poils sombres sous les bras. Je me retiens de demander à Sabine si l'épilation intégrale, le tatouage, le mascara, le vernis à ongles, la chaînette qu'elle porte autour de la cheville et les cockrings de Frank ne sont pas aussi des façons de frauder avec la nature à l'état brut.

Le tenancier de la buvette s'est mêlé à la conversation. Il se plaint de ces étrangers, des jeunes Turcs principalement, mais aussi « des Français ! » (cette apostrophe m'est destinée, je l'ai bien compris) qui viennent pour mater. Ou encore de ces Asiatiques qui passent en bateau et prennent des photos. Et de ces touristes en short et tongs qui rôdent sur les terrasses surplombant la section FKK et se tordent de rire. « Vous êtes tous des coincés ! » me lance-t-il. Cette fois-ci, il me regarde droit dans les yeux et ne prend plus la peine de me ménager. Ce « vous » collectif dans lequel il m'inclut me fait rougir. J'ai laissé mes vêtements dans un casier et je me suis glissée incognito dans la peau d'une nudiste, comme Günter Wallraff quand il se fait passer pour un ouvrier spécialisé turc pour mieux espionner de l'intérieur les entreprises allemandes.

Le tenancier de la buvette m'a tout de suite démasquée. « Ici, dit-il à mon intention, le règlement est très clair : qui vient s'asseoir sur cette plage est "aimablement" prié de retirer ses vêtements et gare à celui qui prendrait une photo. Nos gardiens l'obligent à l'effacer sous leurs yeux et l'intrus est raccompagné vers la sortie. » D'ailleurs, à la plage municipale du Wannsee, les habitués sont inquiets. C'est à cause de coincés comme vous – c'est ce que je crois lire dans ses yeux – que le FKK est en régression. Berlin s'est internationalisée depuis qu'elle est redevenue capitale. Pour tous ces étrangers qui affluent des quatre coins du monde, retirer son maillot est inconcevable. *Multikulti* et FKK ont du mal à convoler. Rien n'illustre mieux cet irréconciliable fossé culturel que la promiscuité de part et d'autre de la palissade du Stadtbad Wannsee : d'un côté, les nudistes se dorent comme des lézards au soleil ; de l'autre, des jeunes femmes se baignent en burkini.

J'ai lu dans un article consacré au FKK cette phrase brutale qui me dérange : « La nudité c'est la pureté et elle n'a certainement pas pour intention d'attiser les sens des deux sexes. » Aucun frisson sexuel ne parcourt les corps rougis par le soleil, allongés pourtant à quelques centimètres les uns des autres ? La question me brûle les lèvres et je la pose à Frank. Il dit qu'il regarde sans voir. Je le dévisage, interloquée. Et comment fonctionne cette technique ? Il me répond qu'il ne fixe pas les corps autour de lui, mais qu'il ne les ignore pas non plus. Son regard n'est pas neutre, mais certainement pas lubrique. Il ne vient pas ici pour draguer, ah ça non! Comment peux-tu penser à une chose pareille?

J'essaie de lui expliquer que je vois là une contradiction. Les choses sont-elles vraiment aussi simples? L'exposition purement hygiéniste de la nudité n'est-elle pas un déni des fondements de l'érotisme: je cache le tout pour montrer un tout petit bout, sans en avoir l'air bien sûr. Je dissimule pour mieux révéler. Je voile et je dévoile. Quand on montre tout, l'impudeur perd sa puissance de transgression et le désir meurt. Et qu'en est-il du jeu de la séduction?

«Déshabiller une femme et découvrir peu à peu son corps, c'est comme ôter, une couche après l'autre, les papiers qui enveloppent une praline. D'abord le papier de soie, puis le papier argenté... On a le cœur qui bat. Si on te l'offrait comme ça toute nue, tu n'en aurais plus envie!» commente ce soir-là un Libanais berlinois à qui j'ai confié mon désarroi en rentrant de mon expédition au Wannsee. Ce feu d'artifice métaphorique m'enchante. Je suis soulagée d'avoir enfin trouvé une âme sœur. Ensemble nous nous moquons de Frank, de Sabine et du sévère gérant de la buvette. Et nous arrivons à la même conclusion. Bien plus émoustillant que tout cet étalage de chairs: que se cache-t-il sous la serviette du Français?

Mademoiselle

Une espèce est en voie de disparition dans la grande tribu européenne. De plus en plus rare, de plus en plus menacée... Peut-on encore la sauver ? Doit-on regretter sa disparition imminente ? La vieille fille appartenait pourtant, il n'y a pas si longtemps encore, à la distribution de nos familles. Une tante ou une cousine qui ne s'était jamais mariée était posée là, sur une branche isolée de l'arbre généalogique, en marge du corps dense et tumultueux que formaient les autres, avec leurs alliances, leurs filiations complexes, leurs amours et leurs haines.

La « vieille fille » ou, plus joli encore, la « vieille demoiselle », dit-on avec tant d'élégance en français. « Vieille » parce que ses chairs sont sèches, ses cheveux rares et blancs, sa démarche hésitante. « Demoiselle » pour ce frémissement juvénile au plus profond d'elle-même, pour cet hymen intact, ce corps que jamais la main d'un homme n'a caressé et porté à l'extase. Comme s'il y avait eu arrêt sur image : un beau jour à la puberté, sa vie de femme s'est immobilisée. Elle est restée figée dans ce corps de grande jeune fille.

Ces êtres sexuellement neutres et sans âge étaient un pilier important de l'architecture familiale. Elles finissaient souvent leur vie en symbiose avec leur mère, veillant aux tombes, aux malades, aux vieux déments, à la propreté des cages d'escalier, aux boules antimites dans les hautes armoires, aux pots de géranium dans l'obscurité des arrière-cours, aux cordons de la bourse pour que l'héritage ne s'étiole pas en dépenses inutiles, aux souvenirs de famille et à la respectabilité de ses membres. Une main-d'œuvre bon marché dans les familles débordées. Et comme on les courtisait soudain quand elles avaient des biens, mais pas d'héritiers directs !

La mienne s'appelait tante Alice Theodora, à cause de son grand-père Théodore. Elle n'avait même pas vraiment un nom bien à elle. Elle était née en 1901. Tante Alice était modeste et pieuse, sans statut véritable puisqu'elle n'était ni mère, ni grand-mère, ni épouse. Le pensionnat du Sacré-Cœur pour jeunes filles, le piano, les confitures en été, le tricot en hiver, la broderie en toute saison... Elle était très jolie ! C'est ce que tout le monde se disait en regardant les photos de sa jeunesse. Elle m'attendrit aujourd'hui encore quand je pense à elle les soirs de Noël : à son petit chapeau désuet sur le guéridon de l'entrée. À 11 heures tapantes, elle le posait sur sa permanente aux reflets bleutés, passait la tête par la porte de la salle à manger où toute la famille ripaillait encore. Chaque année, tante Alice partait seule à la messe de minuit. «Je vais prier pour vous, les païens!» lançait-elle en riant. Un rire amer. J'ai compris plus tard combien elle aurait aimé que quelqu'un l'accompagne ce soir-là, l'accompagne dans sa foi catholique inébranlable. Tante Alice avait une idole : Mireille Mathieu. Mireille Mathieu dans cette famille de gauchistes où l'on aimait les chanteurs anarchistes! Et tante Alice avait un amour secret : le pape Jean-Paul II. Je suis sûre qu'elle sublimait par la religion la tristesse de sa vie privée de sensualité. En découvrant un jour dans l'église Santa Maria dellà Vittoria à Rome la *Sainte Thérèse* du Bernin dans son extase de marbre baroque, je pensai immédiatement à tante Alice dans les derniers jours de sa vie. C'était à Pâques. Allongée toute petite dans un lit trop grand pour elle, elle écoutait à la télévision l'homélie du pape, les yeux mi-clos, la bouche entrouverte. Partageait-elle avec sainte Thérèse cette expérience religieuse proche de la syncope ? La bure monacale de sainte Thérèse ressemblait étrangement à la chemise de nuit de gros coton de tante Alice. Sainte Thérèse avait son ange. Ma grand-tante avait son pape.

Quelle femme choisirait à présent cette vie d'abnégation au service des autres ? Aujourd'hui les veuves sont joyeuses, les retraitées globe-trotters, les célibataires polygames, fricotant avec des hommes ressuscités au Viagra... Je ne connais plus aucune femme qui rêve aux anges et aux papes ! Les vieilles demoiselles sont un anachronisme à ranger au musée familial.

« Mademoiselle » c'est tout autre chose que vieille demoiselle. « Mademoiselle, m'écrivait il y a quelques années encore l'employé chargé de mon dossier à ma caisse d'assurance maladie parisienne, j'ai bien reçu votre lettre concernant votre situation administrative... »

« Mademoiselle »... La grâce du mot a instantanément effacé l'interminable liste des documents à fournir. « Mademoiselle »... Au lieu d'être écrasée sur place par la lourdeur bureaucratique qui s'abattait sur ce début de matinée, je suis sortie de chez moi pétillante, joyeuse, avec toute la vie devant moi. Oubliez botox et lifting, me disais-je en dansant sur les trottoirs. Entamez une correspondance avec la Sécu et vous rajeunirez de vingt ans gratis et sans risque.

Quand on vit en exil, son propre pays se permet en votre absence des révolutions insensées. L'une m'a particulièrement émue : un Premier ministre, je ne me rappelle plus lequel, décida récemment d'abolir la case « Mademoiselle » dans les formulaires administratifs. Une victoire des organisations féministes françaises qui jugeaient que cette distinction entre femmes célibataires et femmes mariées était une ségrégation.

La première fois que l'on m'a appelée « mademoiselle », c'était le jour de l'entrée au collège. J'avais onze ans, un nouveau stylo à encre, une jupe et des chaussettes jusqu'aux genoux. J'étais fière de ce nouveau titre et du « vous » que me donnaient mes profs. Le passage de « mademoiselle » à « madame » est venu bien plus tard. Car « madame » se mérite. Élégant et respectueux... Pour avoir droit à « madame », il faut afficher des ridules autour des yeux et avoir traversé quelques épreuves dans la vie. « Madame » est un hommage.

Au risque de me faire lyncher, je dois vous avouer que j'adore le mot « mademoiselle ». Il sent encore la vieille France. Il est aérien avec ses *ll* à n'en plus finir. Une civilité à laquelle bien des femmes émancipées n'ont d'ailleurs jamais voulu renoncer. Coco Chanel s'est fait appeler « mademoiselle » toute sa vie. La tradition veut que les comédiennes du Français se fassent appeler « mademoiselle » quel que soit leur âge. Yves Montand a dédié une si belle chanson à une demoiselle sur une balançoire un dimanche à la fête foraine, jupons au vent. Et *Mademoiselle Maman* de Claude Nougaro est un autre hommage. « Mademoiselle » fait partie du patrimoine français.

Les Allemandes, bien en avance sur nous quand il s'agit de libérer le lexique courant de ses chaînes machistes, ont pris les devants. Dès 1972, le mot *Fräulein* a été banni de l'usage courant. Il n'y a que les *paterfamilias* réactionnaires qui font honte à leur famille quand ils tapent dans les mains au restaurant et réclament l'addition à la *Fräulein*. Mais qu'est-ce que c'est que cette manie qu'a le gouvernement français en ce moment de vouloir imiter les Allemands dans tous les domaines ! Moi, je déteste ce *Frau* si sec, si peu féminin, si guttural. *Frau* évoque pour moi davantage un chat sauvage qu'une femme de tête.

Les Anglais ont trouvé leur solution à eux pour ne pas trébucher dans la faille sexiste. Ils appellent les femmes Ms. Ms., un croisement entre Mrs. et Miss, un être sans sexe ni âge, une sorte de vrombissement comme celui d'une mouche exaspérante. Voilà les absurdités auxquelles on aboutit quand on veut soumettre la langue aux lois de l'égalité des sexes !

Les vrais *gentlemen*, les seuls – oui, je sais que cela vous surprendra –, les seuls qui savent encore parler aux femmes de nos jours, les séduire et leur donner des ailes, les seuls sont les Berlinois. Non, non, je ne suis pas en train de perdre le sens des réalités. Depuis que je vis à Berlin, et chaque année un peu plus, je tressaille de plaisir et je rougis légèrement quand le boucher me lance un *Tchuss junge Frau*, « Au revoir, jeune dame ». Pendant longtemps j'ai interprété cette apostrophe comme un compliment. Jusqu'à ce jour funeste où, devant moi dans la file d'attente, entre filets de porc et saucisses de Francfort, une très vieille dame, toute voûtée et très ridée, une vraie «vieille demoiselle», fut ainsi hélée: «Qu'est-ce que je vous sers, *junge Frau*?» Ce jour-là, les horloges se sont mises à filer à toute allure. Je me suis rendue à l'évidence: même les mots ne peuvent arrêter la marche du temps.

Macaron XXL

Fini les madeleines, les croissants et les baguettes… L'incarnation de la France en Allemagne ces temps-ci est un petit biscuit rond, lisse et craquant comme de la nacre. Une membrane aux couleurs pastel : vert tilleul, vieux rose, jaune citron, et un cœur de crème au beurre. Le macaron est si joli qu'on se sent coupable de le broyer dans sa bouche. Il faudrait, bien au contraire, le déposer sur la langue comme une hostie, avec dévotion, les yeux baissés. Imaginer sa progression dans les méandres de l'appareil digestif est une inconvenance. Car le macaron est fait pour les yeux, pas pour l'intestin. Il est trop beau pour être mangé. C'est une œuvre d'art. D'ailleurs son fabricant ne porte pas le nom vulgaire de pâtissier ou, pire encore, de boulanger. Il se nomme « créateur ».

En Allemagne, on n'a pas vraiment compris que les macarons doivent être dégustés très vite et conservés au réfrigérateur. Dans son bureau avec vue sur le Reichstag, une célèbre animatrice de la télévision allemande avait posé une coupe de macarons entre les journaux du jour et une pile de cartons d'invitation sur la table basse. Elle poussa la coupe vers moi et m'invita à me servir : « Je les ai rapportés de Paris la semaine dernière. S'il vous plaît ! » Elle était si fière. J'hésitai. Mais déjà elle picorait comme un oisillon un macaron au café. Je souris. J'engloutis à toute vitesse un spécimen d'un vert presque fluorescent. Il n'avait aucun goût. Je m'exclamai : « Délicieux ! » Bien sûr.

C'est un des effets démythifiants de la mondialisation : aujourd'hui on trouve tout partout. Il y a quelques années encore, dans l'avion au retour de Paris, je tenais précieusement des deux mains sur mes genoux un petit carton vert tendre de chez Ladurée. Avec ma douzaine de macarons j'étais sûre de faire de l'effet au dîner auquel j'étais invitée le soir même. J'entendais déjà les exclamations ravies des convives : « Oh, comme ils sont adorables ! » Et le verdict émerveillé : « C'est bien la France, ça ! » Comme les fraises des bois d'Italie, le Farms Cheddar d'Angleterre et les truffes du Périgord, le macaron était un souvenir de vacances. Mais, j'ignore pourquoi, sorti de son contexte familier, il perdait sa magie.

Je défie cependant quiconque de se lancer dans la confection de macarons dans sa cuisine. Le macaron n'est pas fait pour les bricoleurs. Il ne supporte aucune mauvaise copie. J'y ai consacré tout un après-midi d'hiver, suivant à la virgule près la recette d'un livre de cuisine qui portait ce titre trompeur : *La Pâtisserie française à la portée de chacun.* Ce que l'auteur omettait de préciser, c'est que le macaron est le mont Everest de la pâtisserie. Le sommet le plus haut, le plus ardu et le plus risqué. On ne s'en douterait pas quand il vous regarde, si joli, si précieux, si friable, assis sur un napperon de dentelle dans la vitrine d'une pâtisserie française. Il me rappelle les magnifiques petits gâteaux de Noël photographiés dans les cahiers spéciaux des magazines féminins à la fin de l'été. Il fait encore 26 degrés à l'ombre. Les files d'attente s'étirent le soir devant les glaciers italiens. Sur les photos, les biscuits sont superbes. Des bijoux d'amande et de cannelle. On se promet de les reproduire pour Noël. On conserve ces cahiers sur une étagère de la cuisine pendant des mois avant de se lancer dans l'aventure un après-midi de décembre. On observe les consignes de la recette à la lettre. On dose au milligramme près la poudre d'amandes et le sucre glace. On ne perd pas ses nerfs. On fait preuve de doigté. On manifeste un optimisme à toute épreuve. Peine perdue. En sortant du four, les biscuits sont méconnaissables. Le travail d'orfèvrerie a généré des petites crottes informes. C'est la même chose avec mes macarons. Jamais je n'ai atteint le sommet. J'ai dérapé avant même d'avoir grimpé quelques mètres. À leur sortie du four, mes macarons étaient plats et durs comme des galets. Et les couleurs pastel avaient viré au gris.

J'admire l'imagination foisonnante des créateurs de macarons. M. Garnier, le pâtissier du KaDeWe, le grand magasin chic de Berlin, à qui j'étais allée demander conseil, me raconta comment il s'était donné pour mission d'apprendre aux Allemands le goût des alliances téméraires : la violette et le cassis, le chocolat et la lavande, la fraise et la limette japonaise. Il fut vite découragé. Ses clients étaient conservateurs. Ils revenaient toujours vers la crème au beurre et le nougat.

Le problème dans ce pays qui n'est pas flambeur : le macaron a la taille d'une pièce de 2 euros et coûte la peau des fesses. Il déséquilibre totalement le sacro-saint rapport qualité-prix. Une minuscule bouchée de sucre et d'amandes à un prix d'or ? Ça ne se vendra jamais ! décidèrent les pâtissiers allemands. C'est pourquoi ils adaptent souvent la taille de leurs macarons à leur clientèle : plus grands, plus lourds, plus bombés que les originaux. Parfois, les macarons doublent de volume. J'ai même été prise d'effroi dans une boulangerie de Munich en découvrant un monstre fait de mélasse et de colorants naturels. Il portait l'étiquette « macaron bio de Paris ». À ses côtés, des paquets de muesli et de galettes de riz complet. L'Allemagne est parfois un pays difficile à vivre pour les hédonistes.

Comme les profiteroles et les petits-fours, le macaron est une miniature fragile et exclusive.

Tellement chic, tellement chichi. Je dois avouer que parfois je lui préfère le bon vieux gâteau marbré ou la molle *Schwarzwälder Kirschtorte* (forêt-noire), le gâteau allemand par excellence. Avec ce monument de crème, de biscuit, de kirsch et de beurre coiffé d'une cerise confite, on en a pour son argent ! Posez une *Schwarzwälder Kirschtorte* et un macaron l'un à côté de l'autre et vous aurez Kohl et Mitterrand main dans la main à Verdun. Le chancelier géant et le tout petit président.

Quel abîme entre ce dernier symbole du luxe et la réalité sociale de mon pays ébranlé par la crise et les incertitudes. L'Allemagne aurait bien tort de se faire toute petite face à ce bellâtre. Le macaron est un imposteur. Il ment sur l'état de mon pays. Il n'y a que dans les grandes pâtisseries que survit le mythe de la France gardienne du raffinement et du bon goût.

Une autre spécialité française est devenue à la mode ces dernières années en Allemagne : la tarte flambée. Une spécialité alsacienne. Je ne suis pas opposée par principe aux alliances anticonventionnelles. Il y a des couples auxquels personne ne croyait au départ et qui tiennent pourtant pendant des décennies. Ces êtres qu'au premier regard tout semble diviser s'unissent harmonieusement. Prenez l'agneau et la menthe. Voilà deux individus au caractère bien trempé qui ont célébré leurs noces d'or il y a des lustres déjà. Qui aurait cru à cet amour éternel ? Un animal et une plante. Ou le légendaire gin-tonic. Ces deux-là sont devenus inséparables à force de se fréquenter dans les bars le soir. Plus improbable encore : le foie gras et le chocolat noir. Une alliance princière, si extravagante et si subtile. La choucroute et la lotte, quel adultère insensé et pourtant si tendre! Regardez comme ils enragent, les jarrets de porc, les saucisses de Francfort et toute sorte de cochonnaille, d'avoir été trahis comme ça pour un petit poisson tout pâle.

Mais il y a aussi, rien ne sert de se voiler la face, les mauvais mariages. Ces *fatal attractions*, ces unions destructrices vouées à l'échec entre deux êtres qui auraient mieux fait de ne jamais se rencontrer. La tarte flambée et l'ananas, par exemple. Je suis alsacienne et, chaque fois que je vois la déclinaison des tartes flambées sur la carte d'un restaurant, je suis furieuse. Tarte flambée à la pomme, aux olives noires, aux herbes de Provence, au fromage de chèvre... Mais la combinaison la plus contre nature, c'est la tarte flambée à l'ananas. L'Alsace et les Caraïbes, ça ne va pas du tout ensemble. Surtout quand l'ananas sort de sa boîte. Non!

Vous l'aurez compris, je suis ultraconservatrice. Oui, j'assume ma position : ringarde! Pas téméraire! J'ai loupé le coche de la mondialisation culinaire! Je lisais récemment que les Grecs s'étaient mobilisés pour protéger l'appellation feta. Ce fromage au lait de brebis et de chèvre fait partie intégrante de leur héritage culturel, disent-ils. On devrait appeler «façon feta» toutes les imitations sans gêne. Quel joli sursaut de fierté nationale par ces temps de cataclysme économique. En voilà une belle rébellion ! La France pourrait elle aussi se lancer dans une croisade pour la protection du croissant, notre blason.

Buttercroissant... Croissant au beurre ? Ça ressemble à un pléonasme. Mais de quoi d'autre les croissants sont-ils faits ? *Bio-Croissant*... Une aberration ! Non, le croissant ne figure pas dans l'arsenal des aliments sains et biologiques. Il est gras dans sa composition (au beurre, oui !), mais léger, presque vaporeux dans sa structure. Il vous fond sur la langue, croustille sous la dent et, oui, s'attarde sur vos hanches. Pas comme ces *Bio-Croissants* à la farine complète, lourds et tristes, si tristes. Le croissant doit, comme son nom l'indique, ressembler à une demi-lune dans une nuit étoilée. Rien à voir avec ces croissants obèses qui ont échoué telles des baleines sur la plage dans les vitrines des boulangeries allemandes.

Je revendique pour le macaron, la tarte flambée et le croissant un label « Appellation contrôlée » ! Après tout le champagne y a bien droit, lui. Grecs, Français, nous les pauvres de l'Europe, unissons-nous ! Les Allemands nous reprochent notre apathie, notre incapacité à réformer en profondeur les structures de nos pays. Ils aimeraient que nous cessions de nous agripper à nos traditions et à nos privilèges. Mais sur le croissant et la feta nous ne céderons pas ! ¡ *No pasarán !*

Meurtre à la Philharmonie

Il y a toujours, dans les salles de concert, un étourdi ou deux qui se mettent, au mauvais moment, entre deux mouvements, à applaudir à tout rompre. Le chef d'orchestre a simplement appuyé pendant quelques secondes sa baguette sur son pupitre avant de reprendre son envol au-dessus de la partition, et voilà que quelque part, au plus profond de la salle, le crépitement de deux mains enthousiastes vient déchirer le silence. Quand un tel incident se produit à la Philharmonie, le temple de la musique à Berlin, il prend la dimension d'une catastrophe. Je me recroqueville sur mon siège et je fais semblant de ne pas être là.

C'est un peu comme le portable qui sonne au moment du partage de l'hostie à la messe, comme le ventre qui gargouille au théâtre. Un bruit inconvenant. Assise dans mon fauteuil, je prie pour que ce supplice s'arrête bientôt. Certains font semblant de ne rien entendre. D'autres haussent les épaules, ou grommellent. Il y a ceux qui sifflent « chuuut ! » et qui enveniment les choses. Le maestro immobilise ses bras à mi-vol en attendant que le silence retombe sur la salle. Je me demande ce qui lui passe par la tête pendant ces quelques secondes d'apesanteur. Les archets des violonistes sont suspendus en l'air. Les mains du pianiste planent au-dessus du clavier. À l'arrière, les trompettes et les cors n'osent pas expirer l'air de leurs joues gonflées. Même Mozart retient son souffle. Un instant encore et ça repart.

Je dois avouer, au risque de me faire beaucoup d'ennemis, que j'éprouve une certaine tendresse pour ces interruptions scandaleuses. Observez de biais le propriétaire d'un abonnement à la Philharmonie, un privilégié horrifié. Car ce n'est pas l'omniprésence des moyens de communication (le portable à la messe) ni les profondeurs du corps (les borborygmes au théâtre) qui se manifestent là, mais bien pire : l'inculture du naïf ! Son manque total d'éducation musicale ! Pour monsieur le notaire et son épouse, raides et tout endimanchés au troisième rang, le solfège dès le plus jeune âge et les chants de Noël interprétés à quatre mains sur le piano familial sont les étapes incontournables d'un parcours social sans fautes. C'est du moins ce qu'ils croyaient avant que cet impertinent ne vienne perturber leur vision de l'ordre social : dans une salle de concert, on est entre gens de haute culture ! Et peu importe que la Philharmonie se soit donné pour mission de rendre la musique accessible à tous, eh bien non, on n'aime pas la présence d'intrus parmi nous.

Sauf que l'intrus est aux anges et le fait savoir. C'est un élan d'enthousiasme qui vient du fond des tripes. Une grande poussée de joie enfantine qui s'exprime sans compter la mesure, sans dénombrer les mouvements. Un cri du cœur. Là! Maintenant! Parce que c'était si beau, et avant que ça recommence! Il faut que je lui montre, à l'orchestre, que ça m'a plu. Alors j'applaudis. Oui, comme les enfants qui commentent à voix haute l'action sur la scène dans la pénombre d'une salle de Guignol. Leurs cris, leurs applaudissements, leurs «Attention! Il arrive! Derrière toi!» pour mettre en garde leur héros de l'arrivée imminente du gendarme avec sa matraque. Et leurs larmes, leurs torrents de larmes dans le noir.

Ceci n'est pas un plaidoyer pour l'insoumission à la Philharmonie. Je n'aime pas la cacophonie et surtout je ne veux pas risquer de me faire interdire l'entrée de ce merveilleux établissement. Mais je tiens à souligner ici que la salve d'applaudissements spontanés n'a rien à voir avec la quinte de toux, le raclement de gorge, les pages du programme que l'on tourne une à une, les chuchotements et autres petites perturbations intolérables. Je crois même que Mozart s'en serait réjoui…

J'ai pourtant, je l'avoue, déjà eu des envies de meurtre au milieu d'une sonate pour piano. Mais ce n'était pas à cause d'un applaudissement déplacé.

Je suis assise depuis un moment dans un autre monde fait de musique et de rêveries. Les yeux fixés sur l'orchestre. Bien loin de cette salle pleine à craquer. Et puis voilà un petit bruit. Il provient du siège derrière le mien. Il est à peine perceptible au début, mais il s'amplifie. Que se passe-t-il à 30 centimètres de mon oreille ? La dame derrière moi a un chat dans la gorge. Elle réprime une quinte de toux, rougit, ses yeux se mettent à pleurer. Elle se raidit sur son fauteuil. Elle aimerait s'enfoncer six pieds sous terre. Alors, espérant une délivrance rapide, elle sort de son sac à main un bonbon à l'essence d'eucalyptus pour humecter sa gorge sèche et calmer la quinte de toux.

Seulement voilà : il faut d'abord extirper le bonbon de son papier argenté et ça, ça fait du bruit. Mais au lieu de le délivrer rapidement, la dame hésite. Elle a peur de déranger. Elle déshabille son bonbon tout doucement. Le papier crisse. On n'entend plus que ça. Un accord au piano. Un bruit de papier froissé. Un solo de clarinette. Un bruit de papier froissé. Il faudrait faire comme quand on arrache le sparadrap : un grand coup et terminé. Mais non, la tousseuse veut bien faire. Elle s'acharne à éviter de faire du bruit.

L'instinct meurtrier monte. J'aimerais me retourner, arracher le bonbon de ses mains, jeter le papier sous le siège, enfoncer la pastille dans sa bouche et me laisser à nouveau transporter par la musique. Je ne suis pas la seule et ça me rassure. Je me souviens d'un concert de lieder en hiver. La

Philharmonie transformée en sanatorium pour tuberculeux. Le baryton-basse Thomas Quasthoff, furieux, s'interrompit soudain. Il lança aux tousseurs dans la salle : « Schubert n'a pas mérité ça ! » Et partit se réfugier dans sa loge.

Entre-temps, la dame a libéré son bonbon. Elle le dépose dans sa bouche. Enfin terminée, la torture ! Je commence à me détendre. Mais voilà que sur le siège arrière un bruit s'élève. Le petit claquement mouillé de la langue sur le palais.

RDA, mon amour

Des coulisses signées Gustave Doré. C'est l'association qui me vint spontanément à l'esprit ce matin-là. C'était au printemps 1990. Depuis le café Orbit, au dix-septième étage de la tour de l'Interhotel Kosmos, j'admirais la vue panoramique sur Erfurt. Il fallait faire abstraction, bien sûr, des barres de HLM sur le Juri-Gagarin-Ring et oublier que toute la nuit, dans la chambre à côté de la mienne, une délégation soviétique avait chanté à tue-tête et éclusé des bouteilles de vodka. Au loin, je découvrais les toits de tuile sombre de la vieille ville. La fumée des poêles à charbon s'échappait en longs rubans des cheminées, les clochers perçaient le ciel. La brume laiteuse du petit matin était posée tel un voile sur ce paysage urbain d'un autre âge. Je pensai aux illustrations de contes de fées de Gustave Doré. Je reconnais aujourd'hui qu'il faut beaucoup d'imagination – ou de vodka dans le sang ! – pour trouver une quelconque ressemblance entre les cités médiévales de Gustave Doré et cette grosse ville communiste de Thuringe. C'est pourtant ce filtre romantique que je posai sur le décor lors de mes premiers voyages en RDA. La petite République démocratique moribonde était en train de vivre ses derniers mois et c'est à ce moment précis que nous découvrîmes, nous les Français, une autre Allemagne.

Car notre Allemagne à nous, c'était l'Allemagne de l'Ouest. La mienne était sur le pas de ma porte à Strasbourg : Karlsruhe, Offenbourg, Stuttgart... Des villes cossues et bien ordonnées, des quartiers entiers reconstruits en vitesse et sans grâce après la guerre, des Mercedes-Benz parquées le long des trottoirs et l'incontournable zone piétonne avec ses bacs à fleurs et ses lampadaires à l'ancienne – apothéose du sinistre quand on s'y promenait le dimanche après-midi. Dans les villages, des maisons à colombages étouffant sous les vasques de géraniums. Partout l'enseigne rouge de la Sparkasse, la caisse d'épargne, et les vitrines des concessionnaires automobiles. Pour la plupart des Français, l'Allemagne était un pays engoncé dans son aisance matérielle. Riche certes, mais vraiment pas sexy.

Voilà pourquoi les premiers mois en RDA furent pour moi un enchantement. Je découvris des immeubles aux façades miteuses qui semblaient n'avoir pas bougé depuis la guerre. Des trottoirs aux pavés disjoints et des touffes de mauvaises herbes qui avaient le droit de pousser anarchiquement en pleine ville, des Trabant pétaradantes, le crissement des trams, l'odeur du charbon et les rues mal éclairées la nuit. Je découvris des villes délabrées, pas encore trop parfaitement rénovées, sans panneaux publicitaires, sans vitrines au néon scintillant toute la nuit et sans l'étoile Mercedes-Benz tournant sur elle-même au sommet des immeubles. Les magasins étaient presque vides, les étalages de fruits et légumes très pâles. Les femmes avaient des mini-vagues blondes décolorées ringardes et les hommes portaient des blousons en jean délavés et des pantalons à pattes d'éléphant. À Dresde, je me promenais seule la nuit sur les terrasses du Zwinger. La pollution avait noirci les fesses rebondies des angelots alignés sur les balustrades. Les touristes n'étaient pas encore arrivés. J'avais l'impression de vivre un rêve.

De temps en temps, j'appelais le correspondant de mon journal en Italie. Il me racontait qu'il venait de faire un reportage à Vérone. Je lui parlais avec enthousiasme du « lac d'argent » de Bitterfeld, ce trou sulfureux où coulaient les eaux usées et boueuses de l'usine de production de matériel photographique Agfa de Wolfen. Il hurlait : « Tais-toi ! C'est répugnant ! » Mais je défendais Bitterfeld : « Vérone, Vérone... Combien de fois a-t-on déjà parlé de Vérone dans les journaux ? Alors que Bitterfeld... As-tu déjà lu un reportage sur les cheminées qui déposent une poussière noire sur le linge supendu dans les jardins ? » Je n'avais pas l'impression d'avoir perdu au change avec Bitterfeld. Sauf quand mon collègue me racontait qu'il s'apprêtait à passer à table dans une trattoria. Car le soir, je me retrouvais seule à la table d'une HO-Gaststätte, la chaîne de restaurants d'État, devant un morceau de viande gris enfoui sous une croûte de panure et des pommes de terre sautées. J'avais envie de pleurer. Mais je me consolais en pensant au collier de lacs aux eaux claires autour de Berlin-Est, toute cette nature touffue et intacte. J'aimais les paysages à perte de vue, les villages enclavés, les marais le long de l'Oder et les forêts claires de bouleaux dans le Brandebourg. L'Est venait d'offrir à l'Ouest une nature à l'état pur. J'avais l'impression de voyager dans l'Europe des années 1950. Et je tombai amoureuse de la RDA.

Je ne comprenais pas pourquoi les Allemands de l'Ouest méprisaient tant la *Zone* : « Ils sont tellement beaufs ! Tellement rigides ! Ils n'en veulent qu'à notre argent ! » Une mentalité d'assistés du berceau à la tombe ! Ils parlaient de *drüben*, « de l'autre côté », comme si un fleuve infranchissable les séparait de leurs frères siamois communistes. Ma banquière à Bonn me dévisagea l'air effaré quand je lui racontai l'immense beauté de Görlitz. « Tout est cassé là-bas ! » s'exclama-t-elle dans son bureau ultramoderne au cœur de la vieille ville couleur sucre d'orge. « Qu'est-ce que vous allez faire dans ce trou ? » Certains Allemands de l'Ouest firent, après la chute du Mur, un voyage en autocar à Weimar, virée culturelle obligatoire dans la ville de Goethe et de Schiller. Les plus téméraires osèrent une randonnée à vélo le long de la Saale. Ils se plaignirent de la vétusté des hôtels et des nids-de-poule sur les routes. Comme beaucoup de Français, je pris le parti des plus faibles.

Car il venait d'arriver à l'Allemagne un événement tel que nous les aimions : spectaculaire, historique, tellement émouvant. Soudain l'Allemagne n'était plus ennuyeuse. Tout était en train de changer à une allure folle. Tout était nouveau. Tout était excitant. Tout était possible. Cette fièvre était contagieuse. Ce furent les plus belles années de mon travail de journaliste.

Les journaux entiers étaient pleins de reportages sur ces retrouvailles tardives. Des études sociologiques sur la RDA révélaient des choses étranges : les Allemands de l'Est étaient, comme nous, des *Latin lovers*, plus sensuels, plus libres et plus spontanés que ceux de l'Ouest. La fréquence de leurs ébats sexuels était nettement plus élevée qu'à l'Ouest et les orgasmes deux fois plus fréquents. J'imaginais des chercheurs planqués sous les lits en train de compter sur leurs doigts le nombre d'envolées au septième ciel. Les *Ossis* étaient les perdants sur leurs comptes en banque, mais les gagnants sur leurs matelas. À preuve : la natalité musclée de la RDA et la crise démographique chronique de la RFA. Nous les Françaises, nous nous découvrîmes d'autres points communs avec les Allemandes de l'Est. Comme nous, elles travaillaient, mettaient leurs enfants à la crèche et au *Kindergarten* sans mauvaise conscience et étaient indépendantes financièrement. Elles faisaient des enfants jeunes, sans trop réfléchir ni penser à l'avenir. Et surtout : nous nous aperçûmes soudain que les Allemands pouvaient être pauvres et peu sûrs d'eux. L'envers de la vision partiellement fantasmée que nous nous faisions de nos voisins de palier. Nous n'avions plus besoin d'être envieux. Nous nous sentions même un destin commun avec les *Ossis*, une sorte de solidarité chaleureuse face à ces *Wessis* dont nous avions du mal à supporter les succès économiques. Une blague circulait à l'époque : « Qu'y a-t-il de commun entre la France et la RDA ? » Réponse : « Les Allemands ont envahi ces deux pays. »

Il nous était difficile, à nous Français, unis depuis des siècles au sein d'une même nation, de comprendre comment on pouvait être à la fois si semblables et si différents. Les *Ossis* et les *Wessis* parlaient la même langue. Ils partageaient la même culture. Et jusqu'en 1945 la même histoire... Et pourtant, ils étaient aussi incompatibles que des chaussettes dépareillées. Leurs retrouvailles, cet élan spontané et si joyeux des premiers temps, ne tardèrent pas à tourner au vinaigre. J'étais française, une observatrice neutre et bienveillante de ces frictions. Les uns et les autres me confiaient leurs doutes, leurs exaspérations, leurs peurs. Une jeune potière d'Erfurt me raconta en rougissant comment elle avait passé dix minutes dans le noir à chercher à tâtons l'interrupteur des toilettes d'un restaurant. Elle n'avait pas compris que la lumière se serait allumée automatiquement si elle avait fermé le petit verrou de la porte. Elle s'était sentie ridicule. Un peu honteuse, elle me confia : « Ça, je n'aurais jamais pu le raconter à un Allemand de l'Ouest. » Des heures entières, les Allemands de l'Est me narraient leur vie à l'ombre du Mur. Ils n'osaient plus s'asseoir sur leurs balcons les soirs d'été. Trop déglingués, ils menaçaient de s'effondrer à tout moment. Ils en avaient assez des toilettes communes sur le palier, de se chauffer au charbon, d'attendre des années pour obtenir une « Trabi », de lire *Der Spiegel* en cachette et d'admirer les biens de consommation capitalistes le soir à la télé. Comme je n'avais pas de voiture, je voyageais en train. Dans les compartiments, on me racontait les Jeunesses communistes, les familles divisées. À l'arrivée, ces gens que je ne connaissais pas proposaient de m'héberger. Je passai de nombreuses nuits sur les sofas de Magdebourg à Iéna, autour d'un camembert arrosé de gelée de groseille, à apprendre la RDA et à maudire sa gastronomie.

Combien de fois ai-je eu l'impression de m'être égarée dans un film de Fellini. Une sorte d'*Amarcord* des démocraties populaires se jouait sous mes yeux. Je n'ai pas oublié le numéro de strip-tease dans l'arrière-salle de l'unique hôtel d'une ville de province. Dans la pénombre, une fille vêtue d'un string à paillettes, deux marguerites collées sur les tétons, les cuisses capitonnées de cellulite, enlaçait un boa luisant. Je me souviens d'Uli, posté avec son cabas de nylon devant la vitrine du premier club de lecture Bertelsmann dans la rue de la Libération à Dresde. Il m'invita chez lui, me présenta à sa femme,

Sabine. J'apportai une bouteille de bordeaux. Nous en bûmes la moitié. Quand je leur rendis à nouveau visite deux mois plus tard, ils ressortirent triomphants la même bouteille, glacée, de leur réfrigérateur : «Nous l'avons gardée pour fêter ton retour.» J'étais à la fois tout émue et horrifiée.

Je me souviens de l'attroupement autour du premier distributeur de chewing-gums sur le mur d'une rue de Dresde et du premier distributeur de préservatifs dans les toilettes d'une gare. Sur la place de la cathédrale d'Erfurt, une Mercedes immatriculée à Francfort était garée au pied de la volée de marches gothiques. Elle avait échoué là, on ne savait trop comment. Un attroupement émerveillé s'était formé autour d'elle. Quelques gamins téméraires caressaient son corps bombé. D'autres donnaient une petite tape furtive sur l'étoile Mercedes comme on touche un objet de dévotion pour se porter chance. Après l'union monétaire, des dais de paillettes scintillantes, les points de vente de voitures ouest-allemandes, furent dressés à l'entrée des villes. Ils ressemblaient à des sapins de Noël.

Sur la place du marché des petites villes de l'Est, j'observais l'arrivée des camionnettes immatriculées à Hambourg ou à Bielefeld. Elles étaient remplies des biens de consommation tant convoités : aspirateurs, téléviseurs, machines à café. Les démarcheurs des compagnies d'assurances faisaient du porte-à-porte et profitaient de l'inquiétude des nouveaux venus dans l'univers capitaliste pour leur vendre la sécurité absolue en versements trimestriels. Je retrouvais ces aventuriers le soir au bar de l'hôtel. Ils venaient de Karlsruhe ou de Goslar et espéraient rafler une part du gâteau.

Mais il y avait aussi d'autres *Wessis*. Dans mon petit restaurant italien préféré à Berlin-Ouest, un vieux couple venait dîner chaque soir. Ils s'asseyaient à une petite table au fond de la salle et bavardaient pendant des heures. C'était un juge à la retraite et sa femme, venus du sud de l'Allemagne. Saisis par un élan de patriotisme, ils avaient fait leurs valises. Le juge voulait donner un coup de main pour mettre en place un ministère de la Justice à Potsdam. Ils avaient renoncé à leur grande villa, à leur vie réglée et un peu monotone. Ils avaient loué un petit appartement dans mon quartier. À l'âge des croisières et des terrains de golf, ils vivaient une grande aventure.

Le courage des dissidents m'impressionnait. Je prenais conscience de ce qui était un acquis indiscutable pour moi : je venais d'un pays où la liberté d'expression était une valeur absolue. Le dissident Jens Reich recevait les journalistes dans son salon et offrait à chacun une tasse de café. Dans son petit appartement bondé de la Fehrbelliner Strasse, Bärbel Bohley dressait la liste de ses revendications. Je fus révoltée quand, plus tard, on les traita de naïfs, de rêveurs et qu'on les écarta peu à peu de la vie politique de l'Allemagne réunifiée. Chaque soir, j'allais dans les églises écouter des débats sans fin. Au bout de quelques semaines, je faisais une allergie aux pasteurs sentencieux en sandales. Ils avaient au moins ça en commun, les *Ossis* et les *Wessis* : ce désir de refaire le monde, cette certitude d'avoir réponse aux maux de la planète et ce don de l'introspection forcenée.

Quelle chance immense d'avoir pu être le témoin de ce moment de l'histoire de l'Europe. Un moment en suspension dont tout le monde savait qu'il ne serait qu'éphémère. Les choses finiraient par rentrer dans le rang. Je mis du temps, pourtant, à déchanter, à avoir une image plus réaliste de la RDA. « Mais les anges de ton paradis, ce sont les informateurs de la Stasi ! » me lança un ami venu de Paris. Mon aveuglement l'agaçait. Il voulait me secouer pour que j'ouvre les yeux et renonce à « cette rêverie insensée » dans laquelle je me complaisais, disait-il. Nous nous promenions dans Potsdam : je lui montrais les villas fin de siècle, les baigneurs nus du Heiligensee, cette idylle, symbiose de la Prusse et du naturisme. « C'est la liberté ! » m'émerveillais-je. Il m'interrompit. Comment pouvais-je être aussi naïve ! D'autres moments me revinrent alors à l'esprit. La Wartburg garée devant la porte des membres de Neues Forum. Deux messieurs en imperméable gris montaient un guet discret. Cette visite à un punk emprisonné. Un adolescent aux cheveux rouge vif y purgeait une peine de plusieurs années. Il avait été mis hors circuit pour ne pas salir la façade immaculée de la République.

Et ce jeune homme en chemise bleu roi et foulard qui m'arrêta et me demanda mes papiers au soir de l'anniversaire de la fondation de la République démocratique. La nuit était en train de tomber, des flambeaux scintillaient sur Unter den Linden. J'avais traversé la rue en dehors du passage clouté. Aux yeux du jeune pionnier, un acte d'insoumission ! Mes amis est-allemands découvraient dans les archives de la Stasi que leur voisin, leur meilleur ami les avaient espionnés pendant des années. Leur vie quotidienne documentée jusque dans ses moindres détails. Leurs appartements fouillés de fond en comble en leur absence. Certains n'avaient pas eu le droit de faire des études. D'autres de quitter le pays. Ils voulaient voir la Grèce et l'Italie et Paris ! Boire du vrai vin et, oui, goûter des fruits exotiques ! Et surtout, ils voulaient dire ce qui leur passait par la tête sans craindre les représailles. Nous consultions ensemble les notes méticuleuses prises par les informateurs. Des comptes rendus de bureaucrate dans une langue crispée.

Je suis retournée à Erfurt récemment. Les vieux toits sombres ont été refaits. Les tuiles orange sont posées de façon régulière comme dans un jeu de Lego. L'odeur de charbon s'est évaporée. L'hôtel Kosmos a été entièrement rénové et s'appelle maintenant Radisson Blu. Une zone piétonne traverse la vieille ville, avec les chaînes de vêtements que l'on trouve partout ailleurs. Plus une mauvaise herbe ne jaillit des trottoirs. On peut boire un espresso italien et manger un vrai camembert qui n'a pas goût de plâtre avec une baguette et sans airelles. Alors j'ai commencé à rêver de Vérone.

La féministe et les talons aiguilles

« C'est à la chaussure qu'on reconnaît le degré d'émancipation d'une femme ! » m'éclaira un jour Alice Schwarzer, la célèbre féministe allemande. C'était au mois d'août, je venais de traverser Paris dans une paire de sandales violettes à talons fins toutes neuves achetées en soldes chez Christian Louboutin. Le prince français de la chaussure à la semelle rouge, que j'étais venue interviewer, me recommanda personnellement ces souliers d'une grâce exquise qui font des femmes des martyres de l'élégance. « Pourquoi les femmes ont-elles toujours besoin de chaussures pour courir ? Il faut qu'elles prennent le temps de regarder Paris ! Cette paire-là est parfaite pour rester assise et rêvasser ! » sermonna le maestro sur un ton mi-précieux, mi-autoritaire.

J'ai généralement la tête sur les épaules, mais ces mots-là m'allèrent droit au cœur. Est-ce parce que je vis depuis trop longtemps dans un pays peu enclin aux coquetteries ? Ou peut-être parce que le programme contemplatif de Louboutin me plaisait particulièrement ? Je quittai la boutique. « Les femmes s'expriment avec leurs souliers ! » me lança le sophiste en refermant la porte d'un geste lascif. Je flânais sur mes nouvelles échasses, deux têtes au-dessus de la foule à talons plats. De temps en temps, je m'asseyais sur le parapet d'un pont de la Seine ou sur le banc d'un square pour regarder la vie passer et m'émerveiller de la beauté de Paris. Oui, moi aussi, je voulais m'exprimer avec mes souliers.

En traversant le Pont-Neuf, je pensai à ma grand-mère qui porta jusqu'à son quatre-vingt-dixième anniversaire des chaussures bleu marine à talons pour les grandes occasions. Quand elle me peignait vigoureusement les cheveux, elle me chuchotait pour calmer la douleur : « Il faut souffrir pour être belle ! » Depuis, je suis solidaire de toutes ces femmes qui se réfugient aux toilettes lors des réceptions et des soirées, ces *sisters in misery* alignées sur la banquette en face des lavabos, mal à l'aise dans leurs robes fourreaux noires. Elles viennent d'endurer un long supplice. Elles ont masqué leurs souffrances sous un sourire héroïque et accéléré le débit de leur aimable causerie pour oublier leurs pieds. Finalement, incapables de résister davantage à la douleur, elles se sont échappées pour se déchausser pendant quelques minutes et laisser respirer leurs orteils meurtris. Elles aussi souffrent pour être belles.

Après une heure de flânerie sur les quais de la Seine, je dus renoncer moi aussi à mes sandales : mes orteils étaient couverts d'ampoules. Je n'étais plus d'humeur à admirer les façades, à profiter du moment. Je me foutais bien de la beauté de Paris. Je n'avais qu'une obsession en tête : mes pieds. J'aurais vendu mon âme pour une paire de pantoufles. Quand j'arrivai enfin à l'Institut Goethe, où nous avions rendez-vous, Alice Schwarzer et moi, je ne flânais plus, je boitais. Je retirai mes souliers, peu importe ce que la prêtresse du féminisme allemand penserait de moi. Je soignai mes plaies. Nous nous mîmes tout naturellement à parler de la mode et de la façon dont celle-ci asservit les femmes. J'avais bien remarqué qu'Alice Schwarzer lorgnait depuis un moment déjà mes escarpins « Suivez-moi, jeune homme ! », ainsi qu'on appelle si joliment des chaussures qui font trop d'efforts pour être sexy.

Jusque-là, Alice Schwarzer s'était montrée pleine de compassion. Mais soudain, elle m'assena cette remarque cinglante : « C'est à la chaussure qu'on reconnaît le degré d'émancipation d'une femme ! » À en juger par les cloques qui ornaient chacun de mes orteils, je devais approcher du degré zéro. Alice Schwarzer ne me jugeait pas personnellement. À travers moi, les Françaises étaient visées. « Pourquoi les Françaises se plient-elles ainsi au désir des hommes ? Regardez-les courir du matin au soir, un enfant sur le bras, un panier pour les courses dans une main, l'attaché-case de femme d'affaires dans l'autre, et aux pieds des chaussures à talons. Pourquoi tant de stress ? Vous appelez ça une femme libérée, vous ? » Je n'avais plus la force de démonter cette caricature et de défendre mon pays. Je capitulai.

Tabous les talons aiguilles, les bouts pointus, les lanières de strass qui s'enroulent autour de la cheville comme un serpent..., tous ces escarpins pour tituber en équilibre instable dans la vie. La chaussure ne doit-elle pas avant tout être fiable, capable de porter un pas énergique pendant des kilomètres ? Peu importe son élégance et sa force de séduction ! Je savais déjà que la chaussure est investie d'une charge hautement symbolique, qu'elle est l'objet fétiche par excellence... Mais qu'elle permette de mesurer le degré d'émancipation ne m'avait pas traversé l'esprit. C'est ce qu'Alice Schwarzer me prouva ce jour-là : elle fit émerger ses jambes de sous la table, les tendit en l'air et exposa fièrement les godillots plats et larges d'une femme sûre d'elle. Pendant un tout petit instant j'eus presque envie d'échanger mes chaussures contre les siennes. Mais seulement un tout petit instant.

En matière de chaussures, je reconnais que je suis devenue un peu allemande. Le bon conseil de Christian Louboutin me semble totalement en porte-à-faux avec la réalité des rues de nos grandes villes. On y court, on y avance à grandes enjambées, les yeux rivés sur le trottoir. La démarche des Parisiennes est nerveuse, en parfaite harmonie avec le rythme de vie tellement plus saccadé qu'ailleurs.

Mais Louboutin prend les couloirs du métro pour des défilés de mode. La flâneuse à talons aiguilles n'est-elle pas une espèce en voie de disparition dans ce monde en accélération ? Ce monde est fait pour les Birkenstock, me dis-je ce soir-là, en retirant pour toujours mes sandales violettes.

« Qu'est-ce que c'est que cette façon sexiste de réduire une femme : fesses, seins, talons aiguilles ? » me lança récemment le patron de Birkenstock. Lui non plus ne se fit pas prier pour déployer quelques réflexions existentielles. J'étais venue dresser le portrait de cette entreprise en plein boom. Je n'en croyais pas mes oreilles. La Birkenstock fait fureur en Italie, au Moyen-Orient et en Corée. Aux Émirats arabes unis et au Japon, c'est une marque haut de gamme qui se vend dans les *shopping malls* aux côtés de Gucci et Prada.

« Aujourd'hui, les jeunes femmes sont sûres d'elles. Elles portent des vêtements trop grands pour elles et des Birkenstock. C'est un signe de libération sexuelle de porter nos chaussures. Le type Brigitte Bardot, c'est terminé. Nous sommes à l'heure de la métrosexualité à la David Beckham. Les hommes sont féminins. Les femmes sont masculines. Pourquoi les femmes souffriraient-elles ainsi, bétonnées dans des chaussures pointues, au lieu de faire du bien à leurs pieds ? » Le patron de Birkenstock me parla comme un philosophe new age d'un « produit adapté à notre *lifestyle* ». Il pontifia sur la « maturité émotionnelle de Birkenstock », vanta « une certaine façon d'être dans la vie ». Il était d'accord avec Alice Schwarzer : c'est par la chaussure que « nous nous exprimons en tant que femmes et en tant qu'individus », et il me demanda franco si je n'avais pas envie de m'émanciper de ce rôle aliénant de femme-objet. Je me sentais attaquée de tous les côtés. Birkenstock et Alice Schwarzer s'étaient-ils donné le mot pour m'humilier ?

Pour la visite des usines, le patron me proposa de troquer mes chaussures à talons raisonnables pour une paire de Birkenstock, modèle Oldtimer, en cuir marron avec deux grosses lanières. Depuis que je vis en Allemagne, je résiste. Birkenstock ? Jamais de la vie ! Mais je n'avais pas oublié la traversée douloureuse de Paris. J'imaginai les centaines de mètres d'allées le long des chaînes de montage, l'exposé interminable du contremaître, les cours, les escaliers, les passerelles... et j'enfilai sans broncher le 38 cuir et liège qu'une secrétaire me tendit. Ce ne serait que pour une heure ou deux. Et je ne risquais pas de croiser une connaissance à Neustadt/Wied, ce nulle part perché sur les hauts plateaux flanquant le Rhin tout près du rocher de la Lorelei. C'est là que se trouvent les usines Birkenstock. J'acceptai. Quand je laissai glisser mon pied dans la sandale, j'eus l'impression d'atteindre le nirvana. La semelle se soumit à la forme de mon pied. La lanière caressa mes orteils. Tout mon être s'affaissa mollement, mes épaules se relâchèrent. Je fis l'expérience de la règle d'or de la maison Birkenstock : les doigts de pied doivent pouvoir jouer au piano dans la chaussure. Et la secrétaire m'assura : « Toutes les matières qui composent notre sandale sont naturelles et entièrement comestibles. » L'idée de manger une chaussure me révulsait un peu... J'imaginai le talon aiguille de la Louboutin coincé comme une arête en travers de ma gorge... L'alliage de liège et de latex étouffe-chrétien de la Birkenstock provoquerait une constipation de plusieurs jours.

Pourtant je soupirai d'aise. J'éclatai de rire en découvrant mes pieds : deux blocs informes. J'étais en train de perdre tous mes repères. J'entendais Christian Louboutin me sermonner depuis Paris : un talon élance la silhouette, souligne les courbes, allonge la jambe, affine la cheville ! Un talon attire les regards et facilite un déhanchement prometteur ! Dix centimètres de féminité pure, un must, madame, reprenez vos esprits, je vous en supplie ! Et je voyais devant moi le haussement d'épaules exaspéré du patron de Birkenstock : qu'est-ce que c'est que ces conneries ! Pour traverser la vie d'un bon pas, la semelle doit rester collée au bitume ! Terminé ! Le patron remarqua ma confusion et voulut balayer mes doutes : « Dans ce monde si complexe, on veut se simplifier la vie, revenir à l'essentiel, à la pureté des formes. Nous sommes au service de cette nostalgie. Notre marque est solide comme un vieux chêne. »

On pourrait croire que certains objets ont été conçus pour fortifier les clichés. J'ignore si les ateliers Birkenstock à Neustadt/Wied et ceux de Louboutin à Paris se sont donné le mot – en tout cas, leurs modèles sont les caricatures des pays qui les produisent. Quand, en ces temps de crise, les caricaturistes européens veulent croquer l'Allemand imposant sa rigueur budgétaire au reste du continent, ils puisent dans l'arsenal classique des clichés antiboches : la croix gammée, le casque à pointe, la petite moustache drue d'Hitler et... la paire de Birkenstock.

Il est vrai qu'il n'y a pas si longtemps, la Birkenstock était encore une grossière sandale orthopédique, synonyme du sérieux germanique : pratique et carrée. Cette sandale de piétiste chaussait des pieds gris aux chairs tristes. La Birkenstock fut longtemps une arme efficace quand nous voulions, nous les Français, nous moquer des Allemands. Affirmation politique, la Birkenstock – « un tronc d'arbre avec un trou dedans » – fut la sandale unisexe des écolos chevelus aux pull-overs tricotés main des années 1970-1980, protestant contre le nucléaire et la mort des forêts. Ils la portaient, comme on brandit une bannière militante, avec de grosses chaussettes de laine vierge. Et pour bien afficher l'égalité des sexes, les femmes comme les hommes avaient des poils aux jambes.

J'étais lycéenne à l'époque où les Birkenstock battaient le pavé du parvis de la cathédrale de Strasbourg. Un signe que les Allemands avaient de nouveau « débarqué ». C'est ce verbe datant de 1940 que l'on utilise encore aujourd'hui en Alsace quand les Badois et les Souabes traversent le pont de Kehl. Nous les jeunes Français chaussés d'espadrilles, nous regardions, sidérés, ces visiteurs venus de la planète voisine. « Garez-vous, voilà les Allemands ! » s'écriaient les filles. Et nous faisions volte-face sur nos petits talons et nos mollets glabres. Nous courions nous réfugier dans les cafés sur la place. Nous rêvions des bellâtres italiens mal à l'aise dans leurs mocassins à bouts pointus.

Mais le propre des clichés, c'est bien qu'on peut les retourner comme des crêpes. La Birkenstock est aujourd'hui l'une des chaussures les plus branchées au monde, l'emblème de la rupture de style, de la décontraction sûre d'elle. À Gênes l'été dernier j'ai découvert plusieurs étagères de Birkenstock dans la vitrine d'un chausseur du centre-ville : couleur pervenche ou citron, vernies, argentées ou dorées, motif zèbre ou léopard. Les Italiens se les arrachaient. Cette mode m'avait totalement échappé.

Il n'y a toujours pas de Birkenstock dans mon armoire berlinoise. Mais je me suis séparée de mes Louboutin violettes. Je refuse de m'engager dans la guerre de tranchées : nature contre culture, sobriété contre sophistication. Tant que la Birkenstock incarnait l'Allemagne lourdaude, mon monde était encore balisé, ses contours fermement dessinés. Les choses étaient tellement plus simples qu'aujourd'hui ! Mais je dois reconnaître que cette escapade au pays des chaussures a ébranlé les certitudes que j'avais sur mon sexe. Qu'est-ce en fin de compte qu'une femme émancipée ? Et surtout : à quoi ressemblent ses chaussures ? En tout cas, je ne jurerai pas que lors de ma prochaine visite je ne chausserai pas des Birkenstock pour traverser Paris. On dit que même Christian Louboutin porte des Birkenstock en privé.

Comment l'Allemagne
apprit à flâner

Je bavardais récemment à Paris avec deux très vieux messieurs, des Juifs allemands émigrés en France à la fin des années 1930. Enfants, ils furent cachés dans une institution catholique puis par des paysans auvergnats. À la Libération, ils apprirent que leurs parents étaient morts dans les camps. Ils firent alors leur vie en France. Longtemps ils hésitèrent avant de revenir en visiteurs en Allemagne. De très brefs séjours au début. Ils dormaient mal la nuit. La journée, ils se promenaient dans ces villes de leur enfance au décor si familier. Ils dévisageaient les passants sur les trottoirs. Ils étaient méfiants. Parfois pris de nausée.

Dans les années 1950 et jusqu'à la fin des années 1960, m'expliquaient les deux vieux messieurs avec cette acuité dans l'observation que créent la distance et la fréquentation rare des lieux, les Allemands avaient une tout autre démarche : raide comme s'ils avaient avalé à la fois leur canne et leur parapluie, saccadée plus que décidée, le corps tendu, prêts à claquer des talons pour se mettre au garde-à-vous. Une démarche qui trahissait un souci excessif de maîtriser son corps, de lui interdire tout mouvement intempestif et, pire, toute sensualité. Une sorte de pas de l'oie pour civils. Ils se moquaient du *Knicks* que faisaient encore les jeunes filles, ce léger fléchissement du genou, une révérence d'un autre âge. Ils riaient des hommes qui pliaient le buste en deux, les mains nouées sur la poitrine pour saluer, pareils à des courtisans dévots au passage du souverain. Ils imitaient la partie de ping-pong des titres : « *Guten Morgen, Herr Doktor !* », « Bonne journée, *Herr Professor !* » Et chacun soulevait son chapeau. Un geste qui n'existe plus.

Mais aujourd'hui, ah aujourd'hui... Les deux vieux messieurs riaient. Aujourd'hui, toutes ces accolades, ces bises, ces tapes dans le dos et ces étreintes à n'en plus finir. Tout le monde se tutoie sans même se connaître et quel que soit l'âge de chacun, dans les cafés, dans les magasins. Impossible d'expliquer aux Allemands contemporains la subtilité, ce seuil franchi ensemble d'un commun accord. Ce « tu » que l'on attend. Ce petit moment très particulier quand on se laisse glisser à deux dans l'intimité. Cette marque de sympathie et de connivence est d'autant plus précieuse que, justement, on ne l'accorde pas à tout le monde. L'usage du « tu », avaient fini par comprendre les vieux messieurs, est un autre signe de ces tentatives un peu maladroites pour décrisper la société allemande dans les années 1970-1980. Une façon de mettre fin à un formalisme jugé vieillot. L'Allemagne prussienne, nazie, respectueuse de l'ordre et de la hiérarchie, essayait à tout prix de devenir légère, égalitaire. D'une année à l'autre, le prof de lycée que l'on appelait «*Herr Professor Doktor Schmidt*» devenait «Hé, toi, Joachim!».

Mais c'est surtout la démarche qui a changé: décontractée, désarticulée même, le corps mou. Les pieds qui traînent sur le trottoir, les bras qui flottent autour des hanches. L'Allemagne n'est plus la même. Quand nous y sommes retournés, des dizaines d'années plus tard, disaient-ils, nous avons eu du mal à la reconnaître. Le rythme, le ton et l'allure avaient complètement changé.

La démarche des passants sur les trottoirs nous montre-t-elle les transformations qu'a subies un pays? Il suffit, c'est vrai, de s'asseoir à une terrasse de café pour comprendre que la démarche ne trahit pas seulement le caractère des individus, mais l'ambiance qui règne dans une société. Quand les deux émigrants revinrent en Allemagne dans les années 1950, le régime totalitaire continuait à vivre dans les corps des Allemands. L'ère Adenauer n'était pas faite pour arranger les choses. L'Allemagne de l'après-guerre était puritaine et conservatrice. Les femmes étaient de retour aux fourneaux et au service de leur mari, dont elles avaient besoin de l'autorisation pour travailler. Les enfants étaient élevés à la dure, « une petite fessée n'a jamais fait de mal à personne ». L'homosexualité représentait un crime passible de fortes peines de prison. Les tribunaux, les écoles, les universités étaient truffés d'anciens nazis reconvertis à toute allure à la démocratie. Et, surtout, une chape de silence et de refoulement avait été posée sur les années catastrophiques que le pays venait de traverser avec ferveur. Une société pétrifiée. Pas question d'avoir le pied léger et la hanche qui tangue dans un tel contexte. Mais l'Allemagne a fait son chemin, reconnaissaient les deux vieux messieurs. Elle s'est livrée à un impressionnant travail sur son passé. Elle s'est décontractée. Et elle marche autrement.

À Paris aussi la démarche a changé, mais dans la direction inverse. Elle est nerveuse, saccadée, rapide, en parfaite harmonie avec le rythme de vie tellement plus stressant qu'à Berlin ou à Munich. Paris était pourtant une ville de bohèmes lève-tard, de promeneurs, de grands penseurs aux tables des cafés et de glandeurs en terrasse. Cette ville semble faite pour le mouvement doux du corps et de l'esprit ; on peut facilement traverser Paris intra-muros à pied. Les grands boulevards ont toujours appartenu au flâneur. D'ailleurs on l'appelait jadis le « boulevardier ». Le flâneur est né au XIXe siècle dans les rues de Paris. À l'époque il était une icône incontournable des villes, au même titre que la colonne Morris, les urinoirs publics et les lampadaires. Un explorateur solitaire qui s'autorise à prendre son temps. Le flâneur, un mot intraduisible en allemand. Le flâneur se laisse porter par la ville et observe ce qui s'y trame, essaie de lui donner un sens. C'est avant tout un voyeur qui étudie les visages et les façades, épie les conversations, hume les odeurs, accueille le moindre incident de trottoir comme un petit miracle. Tout fragment de vie l'intéresse. Il a souvent un carnet dans sa poche et s'arrête de temps en temps pour prendre des notes, fixer un moment fugitif. Balzac l'appelait « le gastronome de l'œil ».

Difficile de repérer cet oiseau rare aujourd'hui. Les jours tournent comme des turbines. Paris est devenue une ville pour gens pressés. Le pouls de la ville s'est accéléré. Les choses se sont inversées. Berlin est à présent une ville lente. Berlin, quand on s'y promène au hasard, ressemble davantage à une bonne grosse ville de province apaisée qu'à la capitale nerveuse et sûre d'elle de la première puissance d'Europe. Berlin est infiniment plus flegmatique que Paris. Jamais on n'est pris à la gorge par cette sensation d'étouffement, jamais on ne s'y sent à l'étroit, jamais on n'éprouve cet épuisement en fin de journée après tant de bruit, de circulation, de densité humaine, de pollution et de bousculade sur les trottoirs. Souvent j'ai l'impression de glisser sur les trottoirs de Berlin. Rien ne gêne ma trajectoire. Il est encore possible d'avancer doucement. Il y a tant d'oasis pour s'allonger sur l'herbe et reprendre son souffle. À chaque coin de rue, un parc, un bout de gazon, la berge d'un canal, l'ombre d'un arbre, une aire de jeux, un terrain vague qui n'a pas été reconstruit depuis la guerre. Les trottoirs sont larges. On peut y marcher seul ou à plusieurs à grandes enjambées sans trébucher à chaque instant sur les talons de la personne qui vous précède. À Paris, le pas s'est accéléré. À Berlin, il s'est ralenti.

Ça c'est la liberté !

P *lace de parking risquée.*
Vous êtes au début d'une zone piétonne (voir croquis ci-joint). Avec un peu de malchance vous aurez droit à un ticket (contravention).

J'ai à peine repéré ma voiture au loin que tout de suite le billet me saute aux yeux. Il est coincé sous l'essuie-glace. Il m'attend. Le message est écrit au stylo à bille sur la page arrachée d'un bloc à spirale. Je me suis garée quelques heures auparavant près du musée du Bauhaus à Dessau. Sagement, le long d'un trottoir. Pas de sortie de garage, pas de passage clouté, pas de place réservée aux handicapés. Je ne dérange personne. Je suis donc partie tranquillement au musée. C'est maintenant seulement que je découvre le panneau « Interdit de stationner » quelques mètres plus loin. Je me retourne. Qui a écrit ce billet ? C'est dimanche, la rue est déserte. Pas une âme à perte de vue. Je peste à voix haute : « Encore un de ces shérifs autoproclamés!» Et pourquoi, tant qu'il y était, n'a-t-il pas prévenu la police? Là au moins j'aurais été punie pour mon infraction au code de la route. Et il aurait pu rentrer chez lui avec la bonne conscience du devoir accompli.

Je suis là toute seule sur un trottoir de Dessau et je déteste l'Allemagne.

Sur l'autoroute du retour, je repense à ce billet anonyme. Est-ce parce que son auteur m'a prise pour une Allemande, pour une Berlinoise, comme l'indique la plaque d'immatriculation de ma Golf, qu'il s'est donné la peine de traduire «ticket» en allemand? Le message n'est peut-être pas aussi agressif que je l'imagine. L'écriture est ferme et régulière. Le ton courtois. Je suis même vouvoyée. Que demander de plus? Pourquoi l'auteur s'est-il donné tant de mal un dimanche matin? Sous la surface sévère des mots se cache peut-être un élan de solidarité.

Quelques semaines plus tard, je suis dans un taxi avenue d'Iéna à Paris. Le temps presse. Je suis déjà un peu en retard. Soudain la voiture s'immobilise. La rue entière s'immobilise. Et le spectacle commence. Sur notre droite, un homme essaie de garer sa Citroën dans un espace manifestement trop étroit pour elle. Il braque, recule, braque encore, tente de pousser légèrement la voiture qui est garée devant lui pour gagner quelques centimètres. Il me fait penser aux vilaines sœurs de Cendrillon quand elles essaient par tous les moyens de glisser leur pied grossier dans la pantoufle de vair beaucoup trop menue pour elles. Trouver une place pour se garer à Paris en milieu de matinée un jour de semaine tient du miracle. L'homme au volant le sait. S'il renonce maintenant, il va tourner longtemps dans le quartier. Il va manquer son rendez-vous, se faire engueuler par son chef. Alors, il insiste. Il est hors de lui. Le visage congestionné. De temps en temps, il lâche le volant pour gesticuler. Il cogne et pousse comme un taureau au rodéo. Les roues arrière de sa voiture patinent. Le moteur rugit. Il finit par soulever l'arrière-train de la Twingo devant lui. Celle-ci fait un bond en avant et se pose avec fracas. Un dernier sursaut et elle s'immobilise. Le pied est entré dans la pantoufle.

Je suis la seule à être scandalisée. Personne ne klaxonne. Mon chauffeur de taxi commente l'action en direct : « Mais voyons, mon bon monsieur, ça sert à quoi un pare-chocs ? Mais allez-y... surtout ne vous gênez pas ! » Il s'enfonce dans son siège et soupire : « Voilà, madame, voilà à quoi ressemble la France ! Pas étonnant que ce pays aille mal... »

À Paris, le chaos a ses propres règles. À Paris, on ne met pas son frein à main quand on se gare pour permettre aux autres de pousser votre voiture. À Paris, on déplace les panneaux signalant un déménagement ou des travaux de voirie pour se garer « en toute légalité ». À Paris, il ne viendrait à l'idée de personne de sortir de sa poche un petit carnet et d'écrire un avertissement pour ramener un concitoyen dans le droit chemin. Les Français sont-ils plus tolérants ? Ou sont-ils indifférents ? Ce qui me frappe ce matin, c'est la passivité des autres automobilistes. Personne ne baisse la vitre de sa voiture pour hurler l'habituel flot ordurier : « Hé, connard, tu veux que je te donne un coup de main ? » Pas même un « Bravo ! » sarcastique, et certainement pas un billet coincé sous l'essuie-glace. Il y a quelques années, j'en suis sûre, la rue entière se serait insurgée. Mais ce « je m'en fous pourvu que ce ne soit pas ma bagnole » ne présage rien de bon sur l'état de mon pays.

Le type sort de sa voiture, enfile sa veste, en lisse les pans, ajuste sa cravate, saisit sa serviette posée sur la banquette arrière et s'en va à son rendez-vous, comme si de rien n'était. Personne n'appelle la police pour signaler un délit de fuite. Quelqu'un a beau abîmer la propriété d'autrui sous mes yeux, du moment que je ne suis pas directement concerné, je m'en fous... Je ne veux pas attendre la police pendant des heures. Et devoir aller au commissariat pour témoigner. Je préfère ne pas m'en mêler.

Je pense à l'auteur du billet de Dessau. J'ose à peine imaginer sa réaction s'il avait été assis à mes côtés dans le taxi avenue d'Iéna.

Que s'est-il passé à Dessau et à Paris ? Ces deux scènes en disent long sur le rapport à la loi dans nos deux pays. Peu importe que l'auteur du billet soit un maniaque de l'ordre qui se prend pour le justicier de son quartier, ou un pasteur qui ne veut que mon bien : pour l'homme de Dessau, la loi est sacrée. Je ne supporte pas les gardiens de l'ordre autoproclamés dans ce pays. J'aimerais crier à cet homme : « De quoi je me mêle ? Et si j'ai envie de me garer comme ça ? Eh oui, si j'aime payer des contraventions pour renflouer les caisses de l'État de ton pays, ça te regarde ? Quelqu'un t'a-t-il désigné comme protecteur de la loi ? » Parfois, et j'ose à peine l'avouer, je suis tellement excédée que je présente mes excuses sur un ton mielleux : « Oh, je suis désolée, je ne savais pas que vous étiez de la police ! »

Mais il y a une autre interprétation possible, plus subtile et surtout plus difficile à admettre pour une mentalité de Français : le bon pasteur veut me rendre service. Oui, il se fait du souci pour moi. Cette sollicitude paternelle l'honore. Il ne veut pas que j'enfreigne la loi et que je paie une amende. En réalité, il est soucieux du bien commun et c'est pour cela qu'il a sorti son bloc à spirale de sa poche. Cet homme-là a tellement intériorisé la loi qu'il se fait un devoir de veiller à son application dans sa rue, dans son immeuble, dans son quartier. Il se sent personnellement concerné quand quelqu'un comme moi se gare dans une zone interdite. Mais attention, ça n'a rien à voir avec la solidarité spontanée entre automobilistes qui se font des appels de phare pour signaler un contrôle radar embusqué dans les fourrés à quelques kilomètres de là. Ceux-là vous invitent à déjouer la loi : « Fais gaffe, il y a des flics dans les parages ! Ralentis sur quelques centaines de mètres ! Dès que le danger sera passé, tu accélères de nouveau ! »

Le soir de l'incident sur l'avenue d'Iéna, j'observe un jeune homme à la station de métro Saint-Paul à Paris. Il saute le portillon et passe sans payer. Un bond joyeux. Je suis la seule à l'avoir remarqué. Ce n'est pas que j'aie envie de héler le resquilleur pour lui assener une leçon de morale, ni même que son geste insubordonné me choque. Suis-je devenue si allemande que j'aime quand la loi est respectée ? Et pourtant : la vie n'est-elle pas plus facile quand les gens paient leur ticket et garent leur voiture sans emboutir la vôtre ? Le bordel français me fatigue.

Mais pas pour très longtemps. Soudain, le resquilleur se retourne, me jette un regard provocant et s'exclame : « Ça c'est la liberté ! » Puis il fait un bond, claque des talons, retombe sur ses pieds et disparaît dans le couloir du métro. Je reste clouée sur place. Je fonds de tendresse. S'il m'arrivait de croiser un jour l'auteur du billet de Dessau, je le regarderais droit dans les yeux avec un petit sourire bravache, mais très doux, et je lui dirais : « Ça c'est la liberté ! », avant de faire un bond, de claquer des talons et de remonter dans ma voiture pour démarrer au quart de tour.

Un drapeau tricolore dans le S-Bahn

Il y a quelques années, j'étais allée emprunter un drapeau à l'ambassade de France sur la Pariser Platz pour la journée française que j'organisais au *Kindergarten* de mes enfants. Une fois par mois, un parent étranger présentait le pays de sa naissance, et les parents allemands leur région d'origine.

Le gendarme de l'ambassade coucha dans mes bras un géant. Cinq mètres carrés de bleu, blanc, rouge. Bien repassé, soigneusement enroulé, avec un éperon de laiton à une extrémité et un manche en bois à l'autre. Je promis de le rapporter. Sur le trottoir de la Pariser Platz, je me retrouvai avec un vrai problème : comment traverser Berlin en évitant d'embrocher un innocent avec les couleurs de la République française ? Le drapeau ne tiendrait pas dans un taxi. Tout conducteur responsable de la sécurité de ses passagers me refuserait l'entrée de son bus. J'habitais trop loin pour rentrer à pied. Une seule solution : le S-Bahn.

Pour les passagers du S-Bahn, mon drapeau ne représentait pas seulement un danger, c'était une provocation. Pendant tout le trajet, j'eus l'impression que tout le monde m'observait. Et ce n'était pas seulement une impression : des dizaines d'yeux étaient posés sur moi. Non, pas des yeux amusés disant : « Tiens, mais qu'est-ce qu'elle fait, celle-là, avec un drapeau dans le S-Bahn ? » Pas non plus des yeux réprobateurs : « Elle occupe deux sièges et elle n'a certainement pas de ticket pour son drapeau ! » Pas même des yeux alarmés : « Elle va finir par nous enfiler comme des cubes d'agneau sur une brochette avec son drapeau ! » Non, les regards qui nous fixaient, mon compagnon disproportionné et moi-même, étaient soupçonneux. Je croyais y lire : qu'est-ce qu'elle veut, cette dangereuse nationaliste, dans notre S-Bahn ? J'aurais transporté une croix gammée qu'ils n'auraient pas été plus hostiles.

Assise sur ma banquette, le drapeau calé entre les jambes, j'avais du mal à comprendre l'inquiétude de mes covoyageurs. J'ai grandi à l'ombre du pavillon tricolore : il flottait au-dessus du porche de mon école, sur le fronton de mon lycée. On le trouve devant chaque mairie où posent les mariés pour la photo et derrière le président quand il fait une allocution à la télévision... Il y a un bouquet de drapeaux devant le monument aux morts le 11 Novembre et une forêt de drapeaux sur les Champs-Élysées le 14 Juillet. Trois chasseurs de l'armée de l'air dessinent des arabesques de fumée tricolore dans le ciel d'été... Il y a des drapeaux partout.

Ma grand-mère alsacienne conservait un drapeau tricolore dans son grenier. Celui que son père avait hissé sur le balcon de son immeuble pour accueillir les troupes françaises venues libérer l'Alsace du «joug boche» le 18 novembre 1918. Je soupçonne d'ailleurs les Alsaciens d'ajouter systématiquement quelques drapeaux sur les places stratégiques de leurs villes pour bien prouver leur loyauté envers la France, eux qui si longtemps ont été allemands. En rangeant la maison de ma grand-mère après sa mort, nous découvrîmes le drapeau, adossé tout seul dans un coin de la mansarde. Il vivotait depuis des décennies, tel un réserviste espérant être rappelé pour une ultime parade patriotique. Nous déroulâmes une parure de dentelle de Calais. Les mites l'avaient dévoré.

Dans le S-Bahn, de plus en plus de gens me regardaient. Je commençai à me sentir très mal à l'aise. Je baissai les yeux. Mais plus je courbais le dos, plus j'essayais de me faire toute petite, plus le tricolore grandissait. Il se dressait, fier comme un coq de clocher. J'aurais aimé me lever et expliquer ma situation : «Messieurs dames, veuillez excuser cette interruption, mais ce drapeau est destiné à une journée de carnaval au *Kindergarten*. Je n'ai jamais rien eu à voir avec l'extrême droite. Personne n'a besoin de se faire de souci.»

Mais personne ne m'aurait écoutée. Et pour une raison simple : mes copassagers portaient un lourd fardeau sur leurs épaules. Je croyais les entendre murmurer en chœur : «Plus jamais ! Avec une histoire comme la nôtre, le drapeau synonyme de fierté nationale est interdit à jamais ! » Le sujet était tabou. Le terrain miné. J'avais beau hausser les épaules : « Décontractez-vous, s'il vous plaît ! Rien ne justifie de nos jours une telle méfiance vis-à-vis du sentiment patriotique. Vous avez largement fait la preuve de votre aptitude à la démocratie. Alors pourquoi vous priver de votre drapeau ? »

Je me ressaisis quand le S-Bahn glissa en bordure du Reichstag. Quatre drapeaux allemands, bien plus grands que le mien, flottaient mollement dans le ciel azur. Pour une fois, le noir, rouge, or n'était pas flanqué du drapeau européen aux douze étoiles et d'un drapeau régional qui d'ordinaire l'encadrent, tels des gardes du corps le protégeant des tentations nationalistes.

Ce voyage en S-Bahn eut lieu avant le Mondial 2006. Cet été-là, les supporters de la Mannschaft étaient massés devant des écrans géants dans les *Biergarten* et aux terrasses des cafés. Quelle transgression quand ils osaient fixer un petit drapeau allemand à la portière de leur voiture et peindre les couleurs de leur pays sur leurs joues – même les gauchistes, même les anciens objecteurs de conscience devenus de braves pères de famille, même les vétérans de la lutte anti-atome devenus des contribuables réglos et même ceux qui pendant des années soutinrent l'équipe de foot adverse afin que surtout on ne les prenne pas pour des chauvins. Et comme c'est souvent le cas quand on a longtemps renoncé à quelque chose, on tombe dans l'excès inverse : cet été-là, pas un centimètre carré de peau, pas un pot de fleurs sur les balcons, pas une devanture de magasin, pas une voiture sans drapeau allemand.

Chaque matin à l'aube, le camion poubelle coiffé de deux petits fanions effectuait une levée du drapeau tonitruante sous mes fenêtres. Il ne manquait que le son du clairon pour achever de réveiller en sursaut la rue tout entière. Mes voisins remplacèrent l'arc-en-ciel de la communauté gay par le noir, rouge, or de leur *Vaterland*. À la pharmacie, les ballons aux couleurs nationales sautillaient entre les pastilles contre les aigreurs d'estomac et les tubes d'aspirine. L'Allemagne avait un retard à combler.

Mais ce jour-là dans le S-Bahn, le peuple décomplexé des « nouveaux patriotes » n'était pas encore né. Je maudissais le *Kindergarten*. Tout était parti, certes, d'une bonne intention *multikulti* : apprendre aux enfants qu'il existe d'autres cultures que la leur, que le monde n'est pas bavarois ou souabe, mais italien, croate, turc... et français. La journée italienne avait eu lieu un mois auparavant. Les Italiens étaient arrivés avec des spaghettis et de la pizza. Ils avaient piqué des mini-drapeaux en papier vert, blanc, rouge dans des boules de *gelato*. Gros lot de la tombola : une Alfa Romeo miniature. La trattoria de notre quartier avait fait don de paquets d'espresso et de tubes de sauce tomate. En fin de journée, il y eut un verre de prosecco pour les parents et les éducatrices et des applaudissements pour les Italiens.

Après cette performance sans fautes, un vent de panique se leva sur notre petite communauté. «Mais qu'est-ce que je vais faire, moi qui viens de Basse-Saxe?» me confia une mère qui allait devoir se débrouiller avec l'aridité culinaire du nord de l'Allemagne. «Est-ce que je peux servir du chou et des saucisses aux Italiens?»

«Moi, Dieu merci, j'ai des boulettes et des frites rouge-blanc[1]. Tous les gosses aiment ça!» fanfaronna un Berlinois. J'observais les parents Meck-Pom[2] dans un coin du vestiaire. Ils étaient assis côte à côte en silence sur les petits bancs de bois tels des enfants punis. Les Souabes faisaient miroiter les *Spätzle*, leur version des spaghettis. Pour conquérir les petits, ils promirent du Coca-Cola. «Mais qu'est-ce qu'il y a de souabe dans le Coca-Cola?» protestèrent les puristes. Les écolos avaient déjà proposé de remplacer les petits ours de gomme Haribo par des bâtonnets de carotte crue. Ils voulaient maintenant imposer le jus de pomme bio sans sucres ajoutés! Une mère japonaise opta pour les sushis. L'évidence de ce choix continua d'attrister la mère de Basse-Saxe. Un couple mixte – elle était croate, lui berlinois – ne parvint pas à se mettre d'accord et quitta le *Kindergarten*, chacun de son côté.

«La France redeviendra un phare pour tous les peuples du monde et c'est sa vocation.» Les mots

1. Boulettes de viande et frites au ketchup et à la mayonnaise.
2. Mecklembourg-Poméranie-Orientale.

de Jacques Chirac le soir de son élection en 1995 me poursuivaient dans le S-Bahn. Chirac fut peut-être le dernier président à employer des formules aussi grandiloquentes. Ses successeurs se firent plus sobres. N'empêche que quand la France fut tirée au sort pour la prochaine journée du *Kindergarten*, je me sentis investie d'une haute mission.

Les Français comme les Italiens ont droit à un bonus en Allemagne. Peu importe que ce compliment corresponde ou non à la réalité, nous avons la réputation d'être des bons vivants. Crêpes, baguettes, croissants…, sur le front du buffet, ma victoire était acquise. Un peu de musette, un peu de cancan, et nous aurions ressorti tous les clichés. Pour les vêtements : du bleu, blanc, rouge, des bérets, des T-shirts rayés. Et notre drapeau serait plus grand que tous les autres ! Nous allions leur montrer, aux Italiens, avec leurs ridicules cure-dents ! Un drapeau comme les Allemands n'en auraient jamais osé ! Un drapeau aussi grand qu'un drap de lit. J'appelai l'ambassade pour demander qu'on dépanne une concitoyenne dans le pétrin. Et comme ce n'était pas le 14 Juillet, un assortiment de bannières tricolores était disponible dans un placard.

Mais là, dans le S-Bahn, je fus prise d'un doute. N'allais-je pas me ridiculiser ? Tant que je vivais en France, le drapeau faisait partie du décor. Mais maintenant que je résidais à l'étranger, la distance suscitait les remises en question. Est-ce que je me reconnais vraiment dans ce drapeau ? Les maillots rayés et les bérets basques sont-ils des symboles auxquels je m'identifie ? Ou appartiennent-ils à un folklore à des années-lumière de la réalité du pays que j'ai laissé derrière moi ?

Soudain j'enviai la mère de Basse-Saxe. Personne ne s'attendait à ce qu'elle indique le droit chemin à l'humanité tout entière. Alors que moi, citoyenne du pays de la Révolution, des droits de l'homme et du savoir-vivre... Je voyais déjà les Italiens en train de jauger mes piles de crêpes. Je redoutais le jugement des Grecs, la morgue des Bavarois et les sarcasmes des Berlinois.

Les enfants furent ravis quand je plantai mon drapeau tricolore dans le bac à sable. Je me sentais dans la peau de Neil Armstrong le jour où il hissa le drapeau américain sur la Lune. Armstrong avait traversé les astres. Moi seulement quelques stations de S-Bahn. Mais nous avions tous les deux accompli notre mission. Au *Kindergarten*, les Berlinois et les Grecs dansèrent le cancan autour du pavillon tricolore. Les parents de Basse-Saxe dévalisèrent le buffet. Les Bavarois et les Croates entonnèrent *La Marseillaise*. Mais mon plus grand triomphe fut le regard torve des Italiens. Ils étaient assis entre eux près des balançoires et faisaient la gueule.

L'odeur de Berlin

Je ne connais aucune ville au monde qui sente aussi bon que Berlin en été. Les Berlinois à qui je confie cela se demandent si je ne souffre pas d'hallucinations olfactives. Ils pensent que je suis dotée, bienheureuse que je suis, d'un nez capable de refoulement. Un nez qui filtre et embellit... les odeurs de poubelles, de pisse de chat, de crottes de chien, de bouches de métro, de parcs industriels, de pots d'échappement, de sorties d'égouts, de rats crevés, de boue, de chou, de baraques à frites, de crasse, de mauvaise haleine, de transpiration, de passants mal lavés. Le Berlinois est râleur. C'est sa nature. Avant de se réjouir de quoi que ce soit, il s'octroie d'abord le droit de se plaindre. Ou, plus exactement, il se laisse aller au plaisir infini de peindre la vie en noir, de décliner les maux de l'humanité, de dénicher dans sa journée une excellente raison de faire la gueule – une mauvaise odeur par exemple. Et quand il a épuisé tous les sujets possibles, il se plaint de cette manie qu'ont les Berlinois de se plaindre de tout.

On aurait tort cependant de prendre la retenue des Berlinois pour de l'arrogance. Cet étrange *understatement* berlinois est, je crois, une forme de pudeur. Une façon, peut-être, de ne pas provoquer inutilement le destin. Le bonheur suscite l'envie. On peut s'attirer la foudre des dieux en l'exposant trop effrontément aux yeux du monde entier. Il est vrai que les Berlinois en ont vu d'autres. Ils savent que le destin peut vous jouer de sales tours. Voilà pourquoi, quand le Berlinois se laisse aller à un élan de joie démesuré, il s'empresse d'ajouter un sobre *Man kann nicht meckern !*, « On ne peut pas se plaindre ! ». *Man kann nicht meckern*, c'est le sommet de l'enthousiasme berlinois.

Mais comme ils ont tort pourtant quand ils se plaignent de la mauvaise odeur de leur ville. Les villes mouillées ne savent pas mentir. Les jours de pluie d'été, quand une mousson tiède s'abat sur les rues, tant d'odeurs délicates surgissent de terre, comme si Berlin, soudain coquette, s'était parfumée. L'odeur fugitive des roses quand on passe devant un jardin. Et il y a beaucoup de jardins en plein cœur de Berlin. Le parfum du thym et du romarin sur les balcons. L'âpreté du géranium, la suavité des œillets. L'herbe fraîchement coupée dans les parcs. L'eau de la Spree qu'on respire le long de ses berges. Les épices du quartier turc de Kreuzberg. Les allées ourlées de tilleuls en fleur sentent le propre comme si elles venaient de se laver avec une savonnette. Ce tilleul légèrement somnifère qui calme les fatigues nerveuses et les troubles du sommeil sans risque d'accoutumance, disent les herboristes. Et ces exhalaisons puissantes et suffocantes qui remontent de l'arrière-cour quand j'ouvre les fenêtres le soir. Les fougères, la mousse, la terre mouillée. Cette odeur de sève à vous donner le vertige.

J'ai tant aimé, en arrivant à Berlin, l'odeur des Trabant – ces toutes petites voitures est-allemandes au moteur à deux temps qui vous accueillaient de l'autre côté du poste de contrôle de Checkpoint Charlie. Elles crachaient une épaisse fumée bleue défiant toutes les normes antipollution. Une odeur si particulière qui vous picotait les narines. Je l'ai retrouvée en Inde. J'étais assise au fond de la nacelle d'un rickshaw dans un embouteillage monstre à Bangalore. Les moteurs pétaradaient autour de moi. Il faisait 40 degrés. Mais en fermant les yeux, j'eus l'impression que le Mur n'était jamais tombé. J'étais de retour à Berlin-Est.

Le matin, sur le balcon, quand il fait encore frais, l'odeur des grands prés du Brandebourg. Tantôt le foin, tantôt les marguerites, les bleuets et les reines-des-prés. Un vieux Juif berlinois émigré aux États-Unis me disait qu'il avait la nostalgie de ces cieux dramatiques de Berlin quand, après une journée de grosse chaleur, la pluie venant de Russie portait l'odeur des plaines lointaines. Mon vieil ami trouvait la pluie californienne monotone. Les odeurs conservent les souvenirs. Il était si nostalgique de son enfance berlinoise encore intacte, avant l'exil et la catastrophe, qu'il refusait de reconnaître les vents chargés d'iode de l'océan et les hautes brumes qui soufflent un air si pur sur San Francisco.

Comme il avait raison pourtant : Berlin ne sent pas le renfermé comme Paris parfois, engoncée dans ses immeubles haussmanniens, carcan minéral qui empêche l'air de circuler. La campagne est si loin de Paris. Au bout de plusieurs heures de bouchon sur le périphérique. Berlin ne sent pas l'humidité comme Amsterdam où l'on peut faire pousser des champignons dans sa chambre à coucher. Ne parlons pas de Naples, la puante légendaire dont les éboueurs font grève par 40 degrés à l'ombre. Ni de Venise, cette beauté qui vous en met plein les yeux avec ses *palazzi* et ses basiliques pour vous faire oublier les miasmes de ses canaux et la senteur aigre des crottes de pigeon sur la place Saint-Marc.

Critiquer Venise la Sérénissime, s'attaquer à Amsterdam et oser toucher à un seul cheveu de Paris, ma capitale... Je suis sans doute en train de me ridiculiser à défendre ainsi ma ville adoptive. Mais vous êtes-vous déjà arrêté sur le trottoir pour humer l'odeur des pierres chaudes les soirs d'été ? Et le jet de fraîcheur terreuse que libèrent les portes ouvertes des caves ? Avez-vous collé votre nez sur le macadam brûlant refroidi par l'averse ? Les pluies de juillet me transportent. Et je me réjouis déjà de l'hiver. L'odeur de la neige qui vient de si loin, le charbon des derniers grands poêles en faïence... Oui, le *Berliner Luft* mérite d'être inspiré à pleins poumons.

Table

Prologue. Le regard extérieur	7
Portes ouvertes	17
Les casseroles de la République	33
Stammtisch aux huîtres	43
Les murs qui parlent	53
Où jeter le pot de yaourt ?	59
À la recherche du modèle allemand	65
Les mots inexportables	77
Le sexe des feux de signalisation	81
L'érotisme de la verrue	87
Mit Niveau	97

Qu'est-ce que c'est que ça ?............... 103

Mauvais souvenirs 111

Le château botoxé 117

Les cantines du pouvoir 125

11ᵉ commandement : « Tu ne feras pas
de grillades au paradis » 141

Que se cache-t-il sous la serviette du Français ?..... 151

Mademoiselle 161

Macaron XXL 169

Meurtre à la Philharmonie 177

RDA, mon amour 183

La féministe et les talons aiguilles 195

Comment l'Allemagne apprit à flâner 205

Ça c'est la liberté ! 211

Un drapeau tricolore dans le S-Bahn 217

L'odeur de Berlin 225

L'EXEMPLAIRE QUE VOUS TENEZ ENTRE LES MAINS
A ÉTÉ RENDU POSSIBLE GRÂCE AU TRAVAIL DE TOUTE UNE ÉQUIPE.

COUVERTURE : Sara Deux
MISE EN PAGE : Soft Office
RÉVISION : Ève Sorin et Nathalie Capiez
FABRICATION : Maude Sapin

COMMERCIAL : Pierre Bottura
PRESSE/COMMUNICATION : Isabelle Mazzaschi et Jérôme Lambert,
avec Adèle Hybre
RELATIONS LIBRAIRES : Jean-Baptiste Noailhat

DIFFUSION : Élise Lacaze (Rue Jacob diffusion), Katia Berry
(grand Sud-Est), François-Marie Bironneau (Nord et Est),
Charlotte Knibiehly avec Charlotte Jeunesse (Paris et région
parisienne), Christelle Guilleminot (grand Sud-Ouest), Laure Sagot
(grand Ouest) et Diane Maretheu (coordination), avec Christine Lagarde
(Pro Livre), Béatrice Cousin et Laurence Demurger (équipe Enseignes),
Fabienne Audinet et Benoît Lemaire (LDS), Bernadette Gildemyn
et Richard Van Overbroeck (Belgique), Nathalie Laroche
et Alodie Auderset (Suisse), Kamel Yahia et Kimly Ear (Grand Export)

DISTRIBUTION : Hachette

DROITS FRANCE ET JURIDIQUE : Geoffroy Fauchier-Magnan
DROITS ÉTRANGERS : Sophie Langlais

ENVOIS AUX JOURNALISTES ET LIBRAIRES : Patrick Darchy
LIBRAIRIE DU 27 RUE JACOB : Laurence Zarra
ANIMATION DU 27 RUE JACOB : Perrine Daubas

COMPTABILITÉ ET DROITS D'AUTEUR : Christelle Lemonnier
avec Camille Breynaert
SERVICES GÉNÉRAUX : Isadora Monteiro Dos Reis

Achevé d'imprimer en juillet 2025
sur les presses de la Nouvelle Imprimerie Laballery
58500 Clamecy

Numéro d'impression : N00011287

Imprimé en France

La Nouvelle Imprimerie Laballery est titulaire de la marque Imprim'Vert®

ISBN : 978-2-35204-650-9
:
Dépôt légal : août 2017